YERMA

POEMA TRAGICO EN TRES ACTOS Y SEIS CUADROS

Obras de Federico García Lorca

Títulos publicados

FEDERICO GARCÍA LORCA

YERMA

POEMA TRAGICO

Edición, introducción y notas
de Mario Hernández

ALIANZA EDITORIAL

Primera edición: 1981
Segunda reimpresión: 1988

Cubierta: Ilustración para el poema
«Severidad», de Pablo Neruda, sobre el ejemplar
único de *Paloma por dentro, o sea, la mano de
vidrio* (Buenos Aires, 1934).

© Herederos de Federico García Lorca
© Edición, prólogo y notas: Mario Hernández
© Alianza Editorial, S. A., Madrid, 1981, 1984, 1988
Calle Milán, 38; teléf. 200 00 45; 28043 Madrid
ISBN: 84-206-6102-3
Depósito legal: M. 12.744-1988
Papel fabricado por Sniace, S. A.
Impreso en Closas-Orcoyen, S. L. Polígono Igarsa
Paracuellos de Jarama (Madrid)
Printed in Spain

INDICE

INTRODUCCION

Las obras de uno de nuestros máximos creadores contemporáneos hace tiempo que vienen exigiendo, como lo han entendido diversos estudiosos, una labor de desbrozamiento que trágicas circunstancias iniciales hicieron imposible. Por laboriosa que sea esta empresa (sometida, además, a inevitables lagunas documentales), es el punto de partida necesario para un más cabal conocimiento del mundo lorquiano. Ha de ser, pues, completado en lo posible el meritorio trabajo realizado por Guillermo de Torre y Arturo del Hoyo, responsables, respectivamente, de las Obras Completas editadas por Losada y Aguilar. Con las limitaciones que luego se señalan, he pretendido aquí fijar y depurar el texto de Yerma tal como nos ha sido transmitido. Por otro lado, he considerado de utilidad sustancial para el lector reunir en el mismo volumen todos los textos conocidos del poeta que guardan relación con Yerma o con la época de su escritura y estreno, sin excluir la música de las canciones que forman parte de la representación.

Breves datos históricos

Aun careciendo de espacio para corroborar en detalle y documentalmente mis afirmaciones, tal vez sea de interés aludir brevemente a la génesis de *Yerma* y a las complejas incidencias del estreno *. La idea de la obra surgió en la mente del poeta, de acuerdo con sus afirmaciones, en 1931. No obstante, la redacción de este «poema trágico», como él lo llamaría, debió comenzar en torno a junio de 1933, a poco de los estrenos en Madrid de *Bodas de sangre* y *Amor de don Perlimplín*. Interrumpida la terminación de la obra por las absorbentes actividades de La Barraca, cuando Lorca marcha a Buenos Aires, en octubre de 1933, tiene ya escritos los dos primeros actos. Vuelto de América a fines de marzo del 34, *Yerma* es rematada en la primavera de ese año, en la Residencia de Estudiantes. Poco después, y antes de iniciar una nueva e intensa gira con La Barraca, Lorca leyó *Yerma* a Margarita Xirgu en el Parador de Gredos. El estreno tuvo lugar la noche de un sábado —29 de diciembre de 1934—, en el teatro Español de Madrid. La obra se mantuvo en cartel hasta el 20 de abril de 1935, alcanzando 150 representaciones y haciendo acreedor a su autor e intérprete de diversos homenajes. Tras el paréntesis del verano, el estreno en Barcelona se realizó el 17 de septiembre, manteniéndose en dicha ciudad hasta el 20 de octubre. *Yerma* se representaría después en diversas localidades catalanas y en Valencia.

La escueta cronología prueba el éxito de público que obtuvo la penúltima de las obras lorquianas a cuyo estreno pudo asistir el propio autor. Sin embargo, tanto en

---

* Los datos que siguen resumen mi artículo «Cronología y estreno de *Yerma, poema trágico,* de García Lorca», *Revista de Arch., Bibl. y Museos,* LXXXII, 2 (1979), pp. 289-315.

Madrid como en Barcelona un pequeño sector de la crítica atacó durísimamente a *Yerma*. Dos circunstancias influyeron en esta exacerbada oposición: la notoria amistad entre Margarita Xirgu y Manuel Azaña, entonces ex jefe de gobierno y bestia negra de las derechas españolas, y las acusaciones de inmoralidad que la obra suscitó, alentadas por las réplicas (interpretadas como anticatólicas) del personaje de la Vieja Pagana. Con lo dicho, no es necesario esclarecer la filiación de los periódicos que acogieron estas críticas, las cuales dieron lugar a una politización de *Yerma* que García Lorca al parecer rechazaba.

Citemos, por vía de ejemplo, dos hechos contrapuestos. Los actores de los teatros madrileños procedieron a una recogida de firmas y redacción de una carta a Margarita Xirgu, solicitando de ella una representación especial de *Yerma* fuera de las horas que coincidían con las de su trabajo. Este entrañable acto de homenaje dio origen al importante texto lorquiano conocido como «Charla sobre teatro». Al lado de esto, un crítico barcelonés escribía: «El público aplaude cuando Yerma mata a su marido como si éste perteneciese a la Ceda.» [1] A pesar de esta u otras disonancias (trágicamente premonitorias), los críticos más prestigiosos del momento —Enrique Díez-Canedo, Melchor Fernández Almagro, Eduardo Haro, Alfredo Muñiz, etc.— elogiaron unánimemente la nueva obra lorquiana, segunda de su anunciada trilogía de la tierra española. Incluso Miguel de Unamuno, con generosidad extrema, confesó en una entrevista de prensa la primacía de *Yerma* sobre una obra propia de tema semejante: *Raquel (Raquel encadenada* en su título definitivo).

---

[1] La frase es recogida y atribuida a Luis Burbano, quien llevaría en un diario barcelonés una sección titulada «Horario ciudadano», por «Caramelero», «¿Se encuentra usted mejor?», *El Día Gráfico,* 27-IX-1935.

Proyecto de publicación de Yerma en vida de Lorca

García Lorca, como es sabido, no se apresuró nunca a dar a la imprenta sus obras, de poesía o de teatro. No obstante, algunas precisiones habría que hacer sobre este punto, pues la actitud del poeta no fue tan unívoca o simple como a veces se ha pretendido. La riqueza y complejidad misma de su carácter se lo impedía. Si nos atenemos exclusivamente a *Yerma,* cabe ordenar una serie de datos que nos conducen a la hipótesis de un proyecto, por parte del poeta, de publicación de su «poema trágico» en 1935-1936.

Ya en mayo-junio de 1934 (antes, pues, del estreno de *Yerma), Eco, Revista de España* anunciaba la reciente publicación en México de *Oda a Walt Whitman,* en reducidísima tirada de 50 ejemplares. Añadía el anónimo apunte:

> García Lorca prepara una edición de toda la obra realizada hasta el presente, comprendida en veinte tomos. Sólo seis de ellos han sido publicados. La gran cantidad de original inédito que llevará esta colección hace que no tenga el carácter de «obras completas», título que envuelve un carácter definitivo, no acorde con la plena energía creadora en que por mucho tiempo se hallará el poeta. [2]

Excluyendo la citada *Oda,* poema que debió ser incorporado por el autor a *Poeta en Nueva York,* de publicación póstuma, habían aparecido hasta entonces *Impresiones y paisajes* (1918), *Libro de poemas* (1921), *Canciones* (1927), *Mariana Pineda* (1928), *Romancero gitano* (1928) y *Poema del cante jondo* (1931), lo que totaliza los seis volúmenes aludidos en la anterior nota. La serie anunciada no parece adscrita a ningún pro-

---

[2] En la sección inicial, «Apuntes», de la mencionada revista, II, 8, mayo-junio, 1934. *Eco* estaba dirigida por Rafael Vázquez Zamora.

yecto editorial unitario, ni lo dan a entender los libros citados, cada uno de ellos aparecido en una editorial distinta. Cabe sospechar con bastante certeza que en Buenos Aires y Montevideo se le solicitó la publicación de sus obras por editoriales de aquellos países. De suyo, la tercera edición del *Romancero* (primera con pie de imprenta americano) apareció en Buenos Aires, 1933, con el sello de *Sur,* la prestigiosa revista que dirigía Victoria Ocampo. Es probable, por lo tanto, que el poeta decidiera, a su vuelta de América, preparar una serie de «obras completas», comunicándoselo como proyecto a los editores de *Eco.* Su intención sería la de dar a la imprenta los libros inéditos de poesía y sus obras teatrales ya representadas. La muerte truncaría este proyecto informal, sólo cumplido en una mínima parte.

Por otro lado, el deseo del poeta no debió nacer tan sólo del excepcional éxito alcanzado en las dos citadas ciudades americanas con sus conferencias y obras teatrales. Sin necesidad de remontarnos más, ya había declarado en junio de 1933:

Todo irá publicándose, no faltaba más. Ya sabe usted mi norma: «tarde, pero a tiempo». Así aparecerán *Poeta en Nueva York, Tierra y Luna, Odas* [...]. Y también mi teatro, mis ocho o nueve obras dramáticas. *Mariana Pineda,* en una edición nueva, exquisita. Y *La zapatera prodigiosa.* Y *Amor de don Perlimplín con Belisa en su jardín.* Y El *Público* [...]. Y *Así que pasen cinco años* [...]. Y *Bodas de sangre...* [3].

La declaración ha de entenderse nuevamente dentro de un aire de intederminación palpable, más acusado en este caso. Incluso de esa anunciada y exquisita segunda edición de *Mariana Pineda* no se tienen noticias. La incesante creación del poeta, su propio carácter y

---

[3] *OC,* II, pp. 961-962. (Cito siempre por la vigésima edición, Madrid, Aguilar, 1977.)

entendimiento de la poesía, le llevaban a este descuidar la materialización en libro de sus obras, cuya vida quedaba ligada así a la propia voz del autor: arte encarnado, no «muerto» entre las páginas de un volumen. De todos modos, este temor a ver muertas sus obras, que García Lorca confesó más de una vez, tuvo su contrapartida, como podemos examinar más en detalle en el caso concreto de *Yerma*.

El número 23-24 de la revista *Cruz y Raya* (Madrid, febrero-marzo, 1935), dedicado en homenaje a Lope de Vega, incluye una página de propaganda editorial sobre las Ediciones del Arbol, que dirigidas por José Bergamín, aparecían bajo el mismo nombre de Cruz y Raya, ya convertida en editorial. En la mencionada página se anuncian, como libros «en prensa», *Cántico,* de Jorge Guillén, *Residencia en la tierra,* de Pablo Neruda, *Teatro,* de Federico García Lorca, y *Abril,* de Luis Rosales. Si bien el título genérico de *Teatro* no llegó a hacerse realidad, sí se publicaron en dichas Ediciones del Arbol *Llanto por Ignacio Sánchez Mejías* (1935) y *Bodas de Sangre,* obra terminada de imprimir, según reza el colofón, el 31 de enero de 1936. *Yerma,* al parecer, estuvo apalabrada ante José Bergamín para su inclusión en las mismas ediciones. El acuerdo verbal no debió ser formalizado en ningún momento, aparte de que el poeta debía encontrarse en esa época sustancialmente dedicado —en lo que se refiere a proyectos editoriales— a la preparación para la imprenta de *Poeta en Nueva York.* [4]

---

[4] En agosto de 1935 Lorca escribe a su amigo Miguel Benítez Inglott: «Estoy poniendo a máquina mi libro de Nueva York para darlo a las prensas el próximo mes de octubre», *OC,* II, 1341. Para un análisis más detallado de la propaganda de *Cruz y Raya,* cf. D. Eisenberg, «*Poeta en Nueva York*»: *historia y problemas de un texto de Lorca,* Barcelona, 1976, pp. 28-29.

El propio Bergamín escribía el 7 de febrero de 1940 a Francisco García Lorca, ya entonces en Nueva York:

[...] Como tú sabes, yo tenía de palabra entregados por Federico los derechos para la publicación de todo su teatro, en espera de ir haciendo también en la colección del «Arbol» de *Cruz y Raya* sus otras obras. Después de publicado el *Llanto* y *Bodas de sangre,* como primer tomo de esta colección completa de su teatro, Federico me entregó el *Poeta de* (sic) *Nueva York...*[5]

Dejemos a un lado lo insólito de que el *Llanto* pudiera formar parte de un tomo de teatro, lo que sólo obedece a la confusa redacción. Si volvemos la vista hacia *Yerma,* las noticias sobre su posible edición antes de la muerte del poeta son verdaderamente vagas. Como se verá, no desmienten lo indicado por Bergamín, pero lo desdibujan de algún modo. En Cruz y Raya se publicó, en dos tomos, *Residencia en la tierra* (1935), *Abril* (1935) y, ya en 1936, *Cántico.* No es extraño que junto a estos tres libros poéticos, más otros de semejante importancia publicados por la misma editorial, como *La realidad y el deseo* (1936), de Luis Cernuda, Lorca quisiera incluir en las cuidadas ediciones del Arbol su *Poeta en Nueva York.* Pero ¿y *Yerma?*

En una sección de «Consultas» bibliográficas del periódico *El Sol* (17 de mayo de 1936) se anuncia, como respuesta a un lector, la edición de *Yerma* en Cruz y Raya, «según informes que tenemos». En el mismo periódico, el 12 de julio del mismo año aparece una apretada reseña, montada sobre declaraciones de Bergamín, de los proyectos editoriales de la revista del más y del menos. Entre otros libros truncados por la guerra («en prensa dos libros de Juan de (*sic*) Larrea, uno en verso y otro en prosa»), se anuncia también

---

[5] Carta inédita con membrete de la editorial Séneca, de **México. (Papeles personales de Francisco García Lorca.)**

Yerma, «del gran poeta Federico García Lorca». [6] (Según noticia que agradezco al interesado, los libros de Larrea que se anunciaban eran *Versión celeste* y *Orbe.* Sin embargo, a pesar de la fecha de este escrito, *Poeta en Nueva York* no aparece ni siquiera nombrado, en contradicción con el conocido proyecto de publicación del libro por parte de Bergamín. Si bien no es este el momento de dilucidar el problema, ha de notarse que la publicación de cualquier texto periodístico se retrasa, por lo común, en más de una y de tres fechas sobre su redacción y entrega. El manuscrito, pues, del libro neoyorquino pudo ser recibido por su entonces potencial editor después que la citada reseña hubiera fraguado, quizás el mismo día 13.)

Las mencionadas noticias bibliográficas aparecían en la prensa cuando España estaba al mismo filo del levantamiento militar que traería la guerra civil y cuando García Lorca se había trasladado ya a Granada (en la noche del 13 de julio) [7], donde muy poco después sería asesinado. Con carácter póstumo el periodista Otero Seco publicaría en 1937 la, al parecer, última entrevista concedida por el poeta antes de partir para Granada. En ella había declarado:

Tengo inéditos —nos dice Federico— seis libros de versos y todo mi teatro sin publicar. He recibido cartas de todos los editores de España, proponiéndome la publicación de *Yerma*

---

[6] E. N., «Actualidad literaria en España. Con José Bergamín en *Cruz y Raya*». Agradezco a Juan Larrea, quien me sugiere la hipótesis de que el autor del texto sea Edgar Neville, el envío de una fotocopia de dicha reseña.

[7] El poeta llegaría a Granada en la mañana del 14. Vid. Ian Gibson, *Granada en 1936 y el asesinato de García Lorca,* Barcelona, 1978, pp. 46-47. Confirma definitivamente esta fecha una carta de la madre del poeta. La cito en mi introducción a Francisco García Lorca, *Federico y su mundo,* Madrid, 1981, p. XXVI.

y otras cosas mías; pero soy tan perezoso que lo voy dejando de un día para otro, sin decidirme a abordar la tarea. [8]

De creer al poeta, y no hay ningún razón en contra, las propuestas editoriales en torno a *Yerma* fueron varias, aun rebajando la hipérbole «todos los editores de España», de modo que el acuerdo con Bergamín no debió pasar, como he avanzado, de un compromiso verbalizado informalmente. Nótese, sin embargo, que Lorca habla de «todo mi teatro», considerado en bloque, al modo como se anunciaba en *Cruz y Raya.* El anuncio aludido debió partir, por consiguiente, de una promesa de entrega en la que no se había fijado título alguno inmediato. En este orden, *Bodas de sangre* debió constituir el primer jalón de un proyecto de ediciones teatrales más amplio, aun sin necesidad de pensar en una sola editorial. Al lado de esto, la supuesta pereza del poeta queda desmentida a su modo por una declaración contigua, de la misma entrevista, sobre *Poeta en Nueva York:* «Ya está puesto a máquina y creo que dentro de unos días lo entregaré.»

Primeras ediciones de Yerma

Los países hispanoamericanos, y en especial Argentina, donde la obra y la personalidad del poeta alcan-

---

[8] *OC,* II, p. 1089. Véase también A. Otero Seco, «Sobre la última "interview" de García Lorca», en *Obra periodística y crítica. Exilio,* Rennes, 1972, pp. 446-527. La entrevista se publicó por primera vez en *Mundo Gráfico,* Madrid, 24-II-1937. Según Otero Seco, quien explica las razones del retraso en la publicación, la entrevista tuvo lugar «muy pocos días antes de su salida [de Lorca] para Granada». Si esto es estrictamente cierto resulta extraño que el poeta hable de «todo mi teatro sin publicar», no tanto por *Mariana Pineda,* de 1928, como por *Bodas de sangre,* de enero del 36. Debido a este y otros motivos, que necesitarían un análisis demorado, las declaraciones recogidas por Otero Seco debieron tener lugar antes del 31 de enero.

zaron primera y más intensa resonancia, serán los encargados de dar a conocer su producción inédita, ya desde los mismos años de la guerra civil española. Muy pronto, incluso, comenzaron a correr diversas ediciones piratas. En efecto, la que parece primera edición de *Yerma* se publica, sin autorización legal, en Buenos Aires, Anaconda, 1937. En el mismo año se suceden otras dos ediciones, en Lima y en Santiago de Chile. [9] Hasta octubre de 1938 no aparecería la primera edición autorizada y fiable, como parte del tercer volumen de *Obras Completas,* editadas por Losada y al cuidado de Guillermo de Torre.

Mientras tanto, parte de la familia del poeta permanecía en España. Aislados los padres en Granada, con su hija Concha y sus nietos (hijos de Concha y de Manuel Fernández-Montesinos Lustau, alcalde socialista de Granada, fusilado días antes que su cuñado Federico), quedaba como cabeza de familia Francisco García Lorca, al lado de su hermana Isabel. Eran los únicos miembros directos de la familia que no estaban en Granada al producirse el levantamiento militar. Francisco, pues, hubo de encargarse de los problemas editoriales que planteaban las obras de su hermano, varias de ellas, y especialmente las de teatro, dispersas en manos de amigos, de actores o en poder de sus mismos padres, quienes hubieron de preservar los manuscritos de los diversos registros habidos en la Huerta de San Vi-

---

[9] No me ha sido posible consultar las tres ediciones citadas. Su referencia se encuentra en Joseph L. Laurenti y Joseph Siracusa, *Federico García Lorca y su mundo: Ensayo de una bibliografía general,* Metuchen, N. J., 1974, p. 72. Estas tres ediciones (desconocemos si hubo alguna más) han de entrar en la cuenta de las «cinco o seis» contra las que clama Margarita Xirgu en la carta que más adelante se cita. La cifra dada por la actriz («varias», dirá Salazar) parece coloquialmente aproximativa.

cente, aparte de tener, como el resto de los españoles
«liberados», su correspondencia censurada, se supone
que de modo especial en su caso. Francisco, por otra
parte, era diplomático de carrera y había permanecido
al servicio de la República. Entre las preocupaciones
familiares y las de su cargo —secretario de embajada—, es obvio que no estaba para perseguir ediciones
piratas de las obras de Federico, no tanto por lo que
tuvieran de ilegales, sino por la misma impureza de
los textos impresos. La edición Losada, de todos modos, vino a poner un poco de orden y a avanzar, con
un gran esfuerzo recopilatorio, la mayor parte de la
obra desconocida del poeta. A pesar de los errores que
luego se le han achacado a esta edición, ha de ser va-
lorado el papel cumplido por Guillermo de Torre en
aquellos difíciles años. Mas de poco hubiera valido su
esfuerzo sin la colaboración de Margarita Xirgu, exi-
liada en Buenos Aires.

El 30 de octubre de 1937 escribía la actriz a Francisco García Losada, entonces en la Embajada de España en Bruselas:

Hay otro asunto en el que ya no tenemos más remedio que
intervenir, y es en lo que se refiere a las ediciones de *Yerma*
y *Doña Rosita la soltera,* de las que le hablaba en mi carta
anterior, pero es que han aparecido cinco o seis ediciones de
Yerma, a cual más disparatada. Se han publicado artículos
protestando de tal desvergüenza y yo envié una carta a todos
los diarios diciendo que las ediciones que habían salido no
tenían nada que ver con el texto original, pero el caso es
que las ediciones siguen vendiéndose en las librerías y en la
calle.

[...] Nada le había dicho hasta ahora, pero me duele en el
alma que las obras de nuestro Federico salgan con un texto
tan distinto al que él escribió. [10]

---

[10] Carta inédita del archivo de Francisco García Lorca.

Las apreciaciones de Margarita Xirgu coinciden con las expresadas por Adolfo Salazar, el gran musicólogo amigo de Lorca, en una carta de setiembre de 1938, antes, por tanto, de la aparición de *Yerma* en Losada. Según esta carta, dirigida a Herschel Brickell, Salazar «tenía en los Estados Unidos el original de *Yerma,* obra de la cual se han publicado varias ediciones no autorizadas en Sudamérica, todas ellas llenas de errores» [11]. La coincidencia valorativa con Margarita Xirgu debía nacer de un convencimiento general entre los amigos del poeta, quizá comentado con Isabel García Lorca, quien acababa de llegar a Nueva York desde Bruselas y se había entrevistado con Salazar en dicha ciudad. Este, finalmente, sugiere a Brickell «la idea de publicar una traducción fiel de *Yerma* con el original auténtico en español», edición bilingüe que iría precedida por un extenso prólogo del propio Salazar. Este proyecto, con destino a la editorial neoyorquina Norton, no llegó a cuajar. Debió ser simplemente descartado ante la posibilidad de publicar *Poeta en Nueva York,* hasta entonces inédito, junto con otros poemas antologizados por Rolfe Humphries. Este libro poético, con antología añadida, fue editado por Norton en 1940.

Lo que importa retener es que Adolfo Salazar poseía el «original» de *Yerma.* Si bien la expresión no es particularmente precisa, hemos de deducir que se trataba del manuscrito original, pues Salazar hubiera utilizado otro término de poseer tan sólo un apógrafo. Entraba, además, en las costumbres de García Lorca el regalar los manuscritos de sus obras a sus amigos. (En prensa ya estas páginas se ha tenido noticia pública de la aparición del manuscrito de *Yerma* en Cuba, envia-

---

[11] Esta carta, cuyo original se supone redactado en español, está recogida por D. Eisenberg, ob. cit., p. 56. Este crítico le atribuye la fecha de setiembre de 1938, que en principio parece verosímil.

do «a través de Adolfo Salazar a Flor Loynaz del Castillo», amiga del poeta, y conservado actualmente en el Museo Nacional de Bellas Artes de La Habana) [12].

Ante los datos precedentes, Guillermo de Torre tuvo que servirse de alguna copia de actor. El primer volumen de *Obras Completas* a su cargo, en el que se incluyen *Bodas de sangre, Amor de don Perlimplín* y *Retablillo de don Cristóbal,* va precedido, tras un estudio preliminar suyo, de la siguiente advertencia: «Esta edición ha sido hecha con la autorización debida y ha sido escrupulosamente revisada, de acuerdo con los originales de Federico García Lorca que tengo en mi poder y que contienen los últimos retoques del autor.» Este texto aparecía firmado por «Margarita Xirgu, Buenos Aires, julio de 1938.» La correspondencia cruzada entre la actriz y Francisco García Lorca debía, pues, de haber rendido su fruto en cuanto a la autorización para la edición Losada y el uso de los textos que poseía la Xirgu, *o que allegaran los editores.* Esta segunda precisión viene a ser demostrada por la leve corrección que se introduce en la citada advertencia en ediciones posteriores. Cito por la novena, de 1961: «Esta edición de *Bodas de sangre* —lo mismo que la de *Yerma, Doña Rosita la soltera* y las demás obras de teatro, representadas por mí— se ha hecho con la autorización debida, revisándose escrupulosamente de acuerdo con los originales de Federico García Lorca que tengo en mi poder y que contienen los últimos retoques del autor.» Firmado y corroborado este texto con el mismo nombre y fecha que el anterior, su ambigüedad es manifiesta. En 1938 la advertencia quedaba reducida al tomo primero, al frente de *Bodas de sangre.* Cabe pensar que la

---

[12] Cf. Moisés Pérez Coterillo, «Culto cubano a F. García Lorca. El manuscrito de *Yerma* encontrado en La Habana». *Blanco y Negro,* 6-II-1980.

revisión del texto fue impulsada por los editores (tal vez realizada por ellos mismos), como medio de refrendar la autenticidad de su edición para cada uno de los volúmenes de teatro. De suyo, las tres obras que se citan son las únicas, junto con *La zapatera prodigiosa,* que Margarita Xirgu había representado en vida del poeta, al margen de que hubiera podido obtener copias de actor de las restantes a través de otros compañeros del medio teatral.

Ahora bien, estos «originales» ¿son manuscritos o apógrafos? Descartado quizá el caso de *Doña Rosita la soltera,* se trata indudablemente de lo segundo. En manos de Salazar el manuscrito de *Yerma,* el de *Bodas de sangre* había sido regalado por el poeta a Eduardo Ugarte, su compañero en las tareas de dirección de La Barraca. Como veremos a continuación, es posible, incluso, que los «últimos retoques» a que se alude en la doble advertencia no fueran de letra del autor, lo que probablemente no se hubiera dejado de consignar.

Los problemas textuales

De entrada he de advertir que la edición de *Yerma* que aquí se ofrece no pretende tener el valor de texto crítico establecido de manera definitiva, principalmente por la dificultad de cotejo de las ediciones conocidas con el manuscrito original, así como con el ejemplar de actor usado por Margarita Xirgu. No obstante, el texto que reproduzco es el más próximo posible al usado en las representaciones de Madrid y Barcelona en 1934-35. Para ello he podido valerme de un apógrafo de *Yerma* y del cotejo correspondiente con la edición Losada (tomo III de las *Obras Completas,* Buenos Aires, 1938), de la que utilizo la tercera edición (1942), reimpresión de la primera. La versión depurada que reproduzco aclara problemas diversos, que atañen a presumibles errores deslizados en la primera edición Losada y, subsidiariamente, a la misma concepción escénica o representación de la obra.

Cabe reconstruir hipotéticamente el proceso inicial de transmisión textual de *Yerma* desde las manos de su autor. Como debía suceder ante una representación (y el caso de *La zapatera prodigiosa* ya ha sido estudiado en este sentido) [13], Lorca entregaba su manuscrito a un copista, para que hiciera a máquina las copias necesarias que deberían usar los actores. Dada la dificultad ocasional de comprensión que ofrece la letra del poeta, éste revisaba y corregía la primera copia. Es posible que en algunos casos, y no sabemos si en el presente, la copia corregida, única en principio, sirviera de modelo para todas las demás, de modo que en el proceso hasta ahora descrito se puedan distinguir dos etapas diferentes. Aunque en no todos los casos, esta doble etapa marcaría la distinción entre un mecanógrafo amigo y las copias encargadas a una agencia profesional.

A partir de las copias mecanografiadas, una por actor, se comenzaban los ensayos, en los que Lorca participaba activamente. Es, finalmente, durante estos ensayos cuando el autor decidía, ya plenamente visualizada y «oída» la obra, introducir las últimas modificaciones o retoques. No otro debió ser el caso de *Yerma,* como trataré de mostrar.

Prescindiendo del manuscrito, cuyo paradero actual acaba de ser descubierto, hemos de guiarnos por las copias de actor. Parece indudable que Guillermo de Torre se sirvió para su edición de uno de estos apógrafos, el proporcionado por Margarita Xirgu. Además

---

[13] Véase la edición de Joaquín Forredellas, Salamanca, 1978, pp. 69-74 dc su introducción.

de lo firmado por la propia actriz, es significativo que el aludido volumen III de las *Obras Completas* incluya, junto con *Yerma, Doña Rosita la soltera,* las dos obras mencionadas en su carta a Francisco García Lorca. El hallazgo de una nueva copia de actor, procedente de los papeles del poeta, ha supuesto la base esencial de la que he partido para la fijación y depuración del texto hasta ahora impreso múltiples veces, habitualmente con un cierto descuido y falta de fidelidad a la edición que se decía seguir, la de Losada, 1938.

El apógrafo al que aludo es una copia mecanografiada en tres cuadernillos de hojas sueltas, correspondientes a los tres actos de *Yerma.* De 18 por 21,5 cms., están grapados y protegidos por sendas tapas y contratapas de cartulina azulada, ya descolorida por el tiempo. Los tres actos ocupan, respectivamente, 29, 28 y 27 páginas, en curiosa escala gradual descendente. El copista ha utilizado tinta roja para las acotaciones y negra para el diálogo de los personajes. Una mano, quizá femenina, ha añadido sobre lo mecanografiado una serie de rectificaciones a lápiz. Son éstas de tres tipos: añadidos, supresiones y correcciones propiamente dichas.

Los primeros podrían corresponder en algún caso a simples yerros del mecanógrafo; en otros parecen auténticos añadidos al texto original, como ocurre con alguna brevísima intervención; por ejemplo, la de los Niños ante las máscaras del Macho y de la Hembra en la romería del acto tercero: «¡El demonio y su mujer!» Otras veces, y es lo más frecuente, el añadido obedece a repeticiones de palabras, con lo que las réplicas adquieren mayor viveza y contundencia, propias del lenguaje oral (o coloquial) de los personajes. Tal sucede en el siguiente ejemplo del acto segundo, para el que copio en cursiva lo añadido a lápiz (habla Yerma refiriéndose a sus manos): «Porque estoy harta, *porque estoy harta* de tenerlas y no poderlas usar en cosa propia. Que estoy ofendida, *ofendida* y rebajada hasta lo último...» En una ocasión lo que se añade supone la reiteración de un monólogo lírico —«Te diré, niño mío, que sí...»—, al final del cuadro primero del primer acto.

Las supresiones, escasas en número, tienden a reforzar la economía expresiva de la obra, obliterando todo aquello que debilite la intensidad dramática, perfectamente centrada, de las réplicas. Si la escena de las lavanderas con que se inicia el segundo acto tiene por finalidad mostrar el coro de murmuración maligna que cerca a Yerma, aislándola en su angustia, no en menor soledad están ante el pueblo su casa y los que la habitan. Estas cantoras de la fecundidad femenina murmuran de Yerma (sólo una la defiende), pero también de sus guardadoras cuñadas. No tiene, pues, sentido que hablen con ellas cuando aparecen en el lavadero. De ahí que se haya suprimido una mínima intervención, en la que la Lavandera 3.ª pide el jabón a una de las cuñadas, lo recibe y le da las gracias.

Mayor importancia tienen las correcciones. A veces rectifican un error indudable del copista: «siervas» donde decía «sierras» («Y en el vientre de tus siervas, / la llama oscura de la tierra»); «lumbre» donde decía «hembra» («Venid a ver la lumbre / de la que se bañaba»). Puede tratarse en otros casos de sustituciones. María, la joven madre amiga de Yerma, le habla a ésta de la concepción de su hijo y de la relación con su marido: «... un palomo de lumbre que él me deslizó por la oreja.» Este último término sustituye a «oído», que ha sido tachado. En otras ocasiones se tiende a una mayor síntesis de expresión. Así, donde la copia decía, por boca de Yerma, «quiero bordar mis enaguas y no tengo hilos ni encuentro la aguja», se ha cambiado en «... y no encuentro los hilos.» En un último caso, el canto de la romería («No te pude ver / cuando eras soltera»...) ha sido tachado al final de la obra, aunque la acotación es explícita sobre el sonido, quizá lejano, del coro.

Si alguna importancia tienen todos estos datos, que no enumero más que por su valor indicativo, es porque vienen a demostrar que todos los añadidos a lápiz que se han hecho sobre la copia mecanografiada arriba descrita debieron partir de correcciones del mismo autor. Y una de dos: o éste revisó uno de los ejemplares de actor, de modo que las modificaciones introducidas se transcribieron a partir de las de su mano, o las correcciones fueron hechas al hilo de los ensayos, mediante indicaciones orales propias en los momentos oportunos. En esta última suposición, válida quizá para las auténticas correcciones del texto original mecanografiado, pudo ser cada actor el encargado de rectificar su copia en el momento mismo de los ensayos.

Por otra parte, el texto de nuestro apógrafo se corresponde muy de cerca con la edición Losada de *Yerma,* incluso en casos de puntuación claramente irregular, como el siguiente: «De mí sé decir: que he aborrecido el agua de estos pozos.» En el ya citado monólogo lírico de Yerma el copista señaló el juego de preguntas y respuestas imaginarias en que se debate el personaje mediante unas comillas que enmarcan el segundo verso:

¿De donde vienes amor mi niño? (sic)
«de la cresta del duro frio» (sic)

No mantuvo, sin embargo, estos signos en el resto del poema, tal vez en seguimiento del manuscrito, como denota la misma puntuación y falta de acentos. Losada, curiosamente, reproduce de idéntica manera el poema en lo que repecta al único entrecomillado. Otro pequeño dato es el mantenimiento por Losada de «alhacena» (en acotación del segundo acto), variante ortográfica del más habitual «alacena», como corrige Aguilar.

Cabe, pues, deducir sin temor a riesgo que la edición Losada procede de una copia de actor en principio idéntica a la nuestra. Por otro lado, las erratas o errores de transcripción que contiene (como el perpetuado «tabanque», en lugar de «tabaque», de la acotación inicial de la obra) no son muy numerosos, dándonos a entender que hubo el mayor cuidado en ofrecer un texto fidedigno, tal como pedía Margarita Xirgu en su citada carta al hermano del poeta.

A pesar, sin embargo, de las coincidencias, en el fondo totales, hay un hecho que diferencia nuestro apógrafo de la versión Losada. Por él puede deducirse que esta copia corresponde a un último peldaño, mas no el definitivo. La versión al cuidado de Guillermo de Torre incluye cinco «letras para cantar», de las que nuestro apógrafo sólo recoge la canción del pastor y la seguidilla de las lavanderas, si bien ésta no a comienzo de cuadro, sino como canto que preludia las escalonadas réplicas en verso de las lavanderas. (El coro de la romería deberá sumarse a la cuenta anterior, ya que está añadido a lápiz al cierre del tercer acto, aunque aparezca tachado, habiendo quedado en pie tan sólo la acotación que indica su presencia.) El proceso, hipotéticamente reconstruible, parece claro. Tres de las canciones se sitúan a comienzo de acto o de cuadro: la canción de cuna con que se inicia el primer acto, la seguidilla de las lavanderas, que da entrada al segundo, y el coro de la romería que se escucha al comienzo y fin del último cuadro. Si exceptuamos la primera, las otras dos canciones se producen a telón corrido. La intención es clara. Se trata en los tres casos de letra y melodías que actúan como fondo musical preparatorio. La presencia de

27

la nana, por ejemplo, anuncia la obsesión de maternidad que sufrirá Yerma —ella dormida y sola en escena— y subraya la acción que la acotación primera describe: un pastor cruza ante ella con un niño vestido de blanco (¿muerto?, ¿no nacido?) de la mano. Esta canción de cuna no es un mero adorno musical: adentra al espectador en la desbordada ternura que Yerma irá viendo cegarse en ella misma, cobrando, así, un valor premonitorio de primera importancia. Todo parece indicar que las tres canciones citadas fueron añadidas (o cambiadas de momento escénico) durante los ensayos, a la busca de una más intensa gradación dramática «in crescendo». Su parcial y distinta presencia en nuestro apógrafo indicaría que el poeta fió al momento clave de los ensayos la decisión última sobre estas lopescas apoyaturas musicales.

Por otro lado, descartada la canción del pastor, cuyo valor de interludio lírico es idéntico en el apógrafo y en Losada, y teniendo en cuenta el comportamiento teatral de Lorca, ha de pensarse en que las otras tres canciones repetidamente citadas fueron recogidas en la copia de Margarita Xirgu «in situ». Que son, casi con toda seguridad, añadidos a mano lo prueba la misma confusión entre las acotaciones que les corresponden y las indicaciones escenográficas. Además, nuestro conocimiento de la melodía de las cuatro canciones corrobora su autenticidad, pues fueron transcritas por Gustavo Pittaluga a partir del recuerdo de los hermanos del poeta y del escenógrafo Santiago Ontañón, colaborador de García Lorca en *La Barraca* [14].

Queda en pie, de todos modos, la duda sobre la validez de una canción hasta ahora no aludida, la que cierra la danza del Macho y de la Hembra —danza de la fecundidad— en el tercer acto de la obra:

[14] Gustavo Pittaluga, *Canciones del teatro de Federico García Lorca,* Madrid, 1960, pp. 40-43

El cielo tiene jardines
con rosales de alegría:
entre rosal y rosal,
la rosa de maravilla.

Ni está en nuestro apógrafo, ni se conserva la música con que debió ser cantada. Tampoco ningún miembro de la familia del poeta recuerda hoy la melodía que tenía en la obra. Sin embargo, Lorca da a entender en una entrevista anterior al estreno de *Yerma* en Barcelona, que allí, en aquellos ensayos, había matizado una serie de detalles que había pasado por alto en las representaciones madrileñas. El periodista mismo describe la danza de la romería como una «zambra gitana», con son de cascabeles y palmas. La descripción, y así se indica, sugiere la presencia natural del canto. Las palmas pueden ritmar el movimiento de los actores, pero podrían también servir de acompañamiento de la copla, de acuerdo con la acotación que la precede en la versión Losada y en nuestro apógrafo: «Se van bailando». (Muy poco antes otra acotación indica: «Empiezan a sonar unas guitarras».) A partir de este supuesto, cabe pensar, como última hipótesis, que la copia de actor en poder de Margarita Xirgu recogió las canciones que se omiten en nuestro apógrafo por su misma acentuación y revisión en el estreno barcelonés, en el que tal vez se añadió la última copla comentada, repetición de un texto anterior en la obra.

A falta de documentación para resolver estos pequeños aspectos, todo lo hasta ahora dicho viene a demostrar la validez de la edición Losada, más el «rigor poético» —sea dicho en conocida expresión de José Manuel Blecua— con que actuaba García Lorca. La presente edición, por consiguiente, parte del citado apógrafo, con la vista puesta en la edición Losada. He atendido únicamente a la corrección de erratas o errores evidentes de lectura, respetando casi siempre la puntuación del poeta, cuyo valor más decisivo es su adecuación a las pausas orales con que el diálogo fue concebido por él.

Nota de agradecimiento

Esta edición va dedicada a las personas mediante cuya colaboración ha sido posible: a Isabel García Lorca, Laura de los Ríos († 1981) y Manuel Fernández-Montesinos, por su sustancial ayuda bibliográfica y atención a mis consultas.

MARIO HERNÁNDEZ

Yerma

POEMA TRAGICO EN TRES ACTOS Y SEIS CUADROS

PERSONAJES

Yerma
María
Vieja Pagana
Dolores
Lavandera Primera
Lavandera Segunda
Lavandera Tercera
Lavandera Cuarta
Lavandera Quinta
Lavandera Sexta
Muchacha Primera
Muchacha Segunda

Hembra
Cuñada Primera
Cuñada Segunda
Mujer Primera
Mujer Segunda
Juan
Víctor
Macho
Hombre Primero
Hombre Segundo
Hombre Tercero
Niños

ACTO PRIMERO

CUADRO PRIMERO

Al levantarse el telón está Yerma dormida con un tabaque de costura a los pies. La escena tiene una extraña luz de sueño. Un pastor sale de puntillas mirando fijamente a Yerma. Lleva de la mano un niño vestido de blanco. Suena el reloj. Cuando sale el pastor, la luz se cambia por una alegre luz de mañana de primavera. Yerma se despierta.

CANTO *(Voz dentro.)*
>   A la nana, nana, nana,
>   a la nanita le haremos
>   una chocita en el campo
>   y en ella nos meteremos.

YERMA
  Juan. ¿Me oyes? Juan.

JUAN
  Voy.

YERMA

Ya es la hora.

JUAN

¿Pasaron las yuntas?

YERMA

Ya pasaron.

JUAN

Hasta luego. *(Va a salir.)*

YERMA

¿No tomas un vaso de leche?

JUAN

¿Para qué?

YERMA

Trabajas mucho y no tienes tú cuerpo para resistir los trabajos.

JUAN

Cuando los hombres se quedan enjutos se ponen fuertes como el acero.

YERMA

Pero tú no. Cuando nos casamos eras otro. Ahora tienes la cara blanca como si no te diera en ella el sol. A mí me gustaría que fueras al río y nadaras, y que te subieras al tejado cuando la lluvia cala nuestra vivienda. Veinticuatro meses llevamos casados y tú cada vez más triste, más enjuto, como si crecieras al revés.

JUAN

¿Has acabado?

YERMA

(Levantándose.) No lo tomes a mal. Si yo estuviera enferma me gustaría que tú me cuidases. «Mi mujer está enferma: voy a matar este cordero para hacerle un buen guiso de carne. Mi mujer está enferma: voy a guardar esta enjundia de gallina para aliviar su pecho; voy a llevarle esta piel de oveja para guardar sus pies de la nieve.» Así soy yo. Por eso te cuido.

JUAN

Y yo te lo agradezco.

YERMA

Pero no te dejas cuidar.

JUAN

Es que no tengo nada. Todas esas cosas son suposiciones tuyas. Trabajo mucho. Cada año seré más viejo.

YERMA

Cada año... Tú y yo seguiremos aquí cada año...

JUAN

(Sonriente.) Naturalmente. Y bien sosegados. Las cosas de la labor van bien, no tenemos hijos que gasten.

YERMA

No tenemos hijos... ¡Juan!

JUAN

Dime.

YERMA

¿Es que yo no te quiero a ti?

JUAN

Me quieres.

YERMA

Yo conozco muchachas que han temblado y que llo-
raron antes de entrar en la cama con sus maridos.
¿Lloré yo la primera vez que me acosté contigo?
¿No cantaba al levantar los embozos de holanda?
¿Y no te dije: «¡Cómo huelen a manzana estas ro-
pas!»?

JUAN

¡Eso dijiste!

YERMA

Mi madre lloró porque no sentí separarme de ella.
¡Y era verdad! Nadie se casó con más alegría. Y sin
embargo...

JUAN

Calla.

YERMA

Y sin embargo...

JUAN

Calla. Demasiado trabajo tengo yo con oír en todo
momento...

YERMA

No. No me repitas lo que dicen. Yo veo por mis
ojos que eso no puede ser... A fuerza de caer la
lluvia sobre las piedras éstas se ablandan y hacen
crecer jaramagos, que las gentes dicen que no sirven
para nada. Los jaramagos no sirven para nada, pero
yo bien los veo mover sus flores amarillas en el aire.

JUAN

¡Hay que esperar!

YERMA

¡Sí, queriendo! *(Yerma abraza y besa al marido tomando ella la iniciativa.)*

JUAN

Si necesitas algo me lo dices y lo traeré. Ya sabes que no me gusta que salgas.

YERMA

Nunca salgo.

JUAN

Estás mejor aquí.

YERMA

Sí.

JUAN

La calle es para la gente desocupada.

YERMA

(Sombría.) Claro.

(El marido sale y Yerma se dirige a la costura, se pasa la mano por el vientre, alza los brazos en un hermoso bostezo y se sienta a coser.)

> ¿De dónde vienes, amor, mi niño?
> «De la cresta del duro frío.»
> ¿Qué necesitas, amor, mi niño?
> «La tibia tela de tu vestido.»

(Enhebra la aguja.)

¡Que se agiten las ramas al sol
y salten las fuentes alrededor!

(Como si hablara con un niño.)

En el patio ladra el perro,
en los árboles canta el viento.
Los bueyes mugen al boyero
y la luna me riza los cabellos.
¿Qué pides, niño, desde tan lejos?

(Pausa.)

«Los blancos montes que hay en tu pecho.»
¡Que se agiten las ramas al sol
y salten las fuentes alrededor!

(Cosiendo.)

Te diré, niño mío, que sí.
Tronchada y rota soy para ti.
¡Cómo me duele esta cintura
donde tendrás primera cuna!
¿Cuándo, mi niño, vas a venir?

(Pausa.)

«Cuando tu carne huela a jazmín.»
¡Que se agiten las ramas al sol
y salten las fuentes alrededor!

(Yerma queda cantando. Por la puerta entra María, que viene con un lío de ropa.)

¿De dónde vienes?

MARÍA

De la tienda.

YERMA

¿De la tienda tan temprano?

MARÍA

Por mi gusto hubiera esperado en la puerta a que abrieran. ¿Y a que no sabes lo que he comprado?

YERMA

Habrás comprado café para el desayuno, azúcar, los panes.

MARÍA

No. He comprado encajes, tres varas de hilo, cintas y lana de color para hacer madroños. El dinero lo tenía mi marido y me lo ha dado él mismo.

YERMA

Te vas a hacer una blusa.

MARÍA

No, es porque... ¿sabes?

YERMA

¿Qué?

MARÍA

Porque ¡ya ha llegado! *(Queda con la cabeza baja. Yerma se levanta y y queda mirándola con admiración.)*

YERMA

¡A los cinco meses!

MARÍA
Sí.

YERMA
¿Te has dado cuenta de ello?

MARÍA
Naturalmente.

YERMA
(Con curiosidad.) ¿Y qué sientes?

MARÍA
No sć. Angustia.

YERMA
Angustia. *(Agarrada a ella.)* Pero... ¿cuándo llegó?
Dime... Tú estabas descuidada...

MARÍA
Sí, descuidada.

YERMA
Estarías cantando, ¿verdad? Yo canto. ¿Tú?...,
dime.

MARÍA
No me preguntes. ¿No has tenido nunca un pájaro
vivo apretado en la mano?

YERMA
Sí.

MARÍA
Pues lo mismo..., pero por dentro de la sangre.

YERMA
¡Qué hermosura! *(La mira extraviada.)*

MARÍA
Estoy aturdida. No sé nada.

YERMA
¿De qué?

MARÍA
De lo que tengo que hacer. Le preguntaré a mi madre.

YERMA
¿Para qué? Ya está vieja y habrá olvidado estas cosas. No andes mucho y cuando respires respira tan suave como si tuvieras una rosa entre los dientes.

MARÍA
Oye, dicen que más adelante te empuja suavemente con las piernecitas.

YERMA
Y entonces es cuando se le quiere más, cuando se dice ya ¡mi hijo!

MARÍA
En medio de todo tengo vergüenza.

YERMA
¿Qué ha dicho tu marido?

MARÍA
Nada.

YERMA
¿Te quiere mucho?

MARÍA

No me lo dice, pero se pone junto a mí y sus ojos tiemblan como dos hojas verdes.

YERMA

¿Sabía él que tú...?

MARÍA

Sí.

YERMA

¿Y por qué lo sabía?

MARÍA

No sé. Pero la noche que nos casamos me lo decía constantemente con su boca puesta en mi mejilla, tanto que a mí me parece que mi niño es un palomo de lumbre que él me deslizó por la oreja.

YERMA

¡Dichosa!

MARÍA

Pero tú estás más enterada de esto que yo.

YERMA

¿De qué me sirve?

MARÍA

¡Es verdad! ¿Por qué será eso? De todas las novias de tu tiempo tú eres la única...

YERMA

Es así. Claro que todavía es tiempo. Elena tardó tres años, y otras antiguas, del tiempo de mi madre, mucho más, pero dos años y veinte días, como yo, es demasiada espera. Pienso que no es justo que yo me consuma aquí. Muchas veces salgo descalza al patio para pisar la tierra, no sé por qué. Si sigo así, acabaré volviéndome mala.

MARÍA

Pero ven acá, criatura. Hablas como si fueras una vieja. ¡Qué digo! Nadie puede quejarse de estas cosas. Una hermana de mi madre lo tuvo a los catorce años, ¡y si vieras qué hermosura de niño!

YERMA

(Con ansiedad.) ¿Qué hacía?

MARÍA

Lloraba como un torito, con la fuerza de mil cigarras cantando a la vez, y nos orinaba y nos tiraba de las trenzas y, cuando tuvo cuatro meses, nos llenaba la cara de arañazos.

YERMA

(Riendo.) Pero esas cosas no duelen.

MARÍA

Te diré.

YERMA

¡Bah! Yo he visto a mi hermana dar de mamar a su niño con el pecho lleno de grietas y le producía un gran dolor, pero era un dolor fresco, bueno, necesario para la salud.

MARÍA

Dicen que con los hijos se sufre mucho.

YERMA

Mentira. Eso lo dicen las madres débiles, las que-
jumbrosas. ¿Para qué los tienen? Tener un hijo no
es tener un ramo de rosas. Hemos de sufrir para
verlos crecer. Yo pienso que se nos va la mitad de
nuestra sangre. Pero esto es bueno, sano, hermoso.
Cada mujer tiene sangre para cuatro o cinco hijos,
y cuando no los tienen se les vuelve veneno, como
me va a pasar a mí.

MARÍA

No sé lo que tengo.

YERMA

Siempre oí decir que las primerizas tienen susto.

MARÍA

(Tímida.) Veremos... Como tú coses tan bien...

YERMA

(Cogiendo el lío.) Trae. Te cortaré los trajecitos. ¿Y
esto?

MARÍA

Son los pañales.

YERMA

Bien. *(Se sienta.)*

MARÍA

Entonces... Hasta luego. *(Se acerca y Yerma le coge
amorosamente el vientre con las manos.)*

YERMA

No corras por las piedras de la calle.

MARÍA
Adiós. *(La besa. Sale.)*

YERMA
Vuelve pronto. *(Yerma queda en la misma actitud que al principio. Coge las tijeras y empieza a cortar. Sale Víctor.)* Adiós, Víctor.

VÍCTOR
(Es profundo y lleva firme gravedad.) ¿Y Juan?

YERMA
En el campo.

VÍCTOR
¿Qué coses?

YERMA
Corto unos pañales.

VÍCTOR
(Sonriente.) ¡Vamos!

YERMA
(Ríe.) Los voy a rodear de encajes.

VÍCTOR
Si es niña le pondrás tu nombre.

YERMA
(Temblando.) ¿Cómo?...

VÍCTOR
Me alegro por ti.

YERMA
(Casi ahogada.) No..., no son para mí. Son para el hijo de María.

VÍCTOR

Bueno, pues a ver si con el ejemplo te animas. En esta casa hace falta un niño.

YERMA

(Con angustia.) ¡Hace falta!

VÍCTOR

Pues adelante. Dile a tu marido que piense menos en el trabajo. Quiere juntar dinero y lo juntará, pero ¿a quién lo va a dejar cuando se muera? Yo me voy con las ovejas. Dile a Juan que recoja las dos que me compró y, en cuanto a lo otro..., ¡que ahonde! *(Se va sonriente.)*

YERMA

(Con pasión.) Eso; ¡que ahonde! *(Yerma, que en actitud pensativa se levanta y acude al sitio donde ha estado Víctor y respira fuertemente como si respirara aire de montaña, después va al otro lado de la habitación, como buscando algo, y de allí vuelve a sentarse y coge otra vez la costura. Comienza a coser y queda con los ojos fijos en un punto.)*

Te diré, niño mío, que sí.
Tronchada y rota soy para ti.
¡Cómo me duele esta cintura
donde tendrás primera cuna!
¿Cuándo, mi niño, vas a venir?
«¡Cuando tu carne huela a jazmín!»

TELON

46

Cuadro segundo

Campo. Sale Yerma. Trae una cesta.

(Sale la Vieja primera.)

YERMA
Buenos días.

VIEJA
Buenos los tenga la hermosa muchacha. ¿Dónde vas?

YERMA
Vengo de llevar la comida a mi esposo, que trabaja en los olivos.

VIEJA
¿Llevas mucho tiempo casada?

YERMA
Tres años.

Vieja

¿Tienes hijos?

Yerma

No.

Vieja

¡Bah! ¡Ya tendrás!

Yerma

(Con ansia.) ¿Usted lo cree?

Vieja

¿Por qué no? *(Se sienta.)* También yo vengo de traer la comida a mi esposo. Es viejo. Todavía trabaja. Tengo nueve hijos como nueve soles, pero, como ninguno es hembra, aquí me tienes a mí de un lado para otro.

Yerma

Usted vive al otro lado del río.

Vieja

Sí. En los molinos. ¿De qué familia eres tú?

Yerma

Yo soy hija de Enrique el pastor.

Vieja

¡Ah! Enrique el pastor. Lo conocí. Buena gente. Levantarse, sudar, comer unos panes y morirse. Ni más juego, ni más nada. Las ferias para otros. Criaturas de silencio. Pude haberme casado con un tío tuyo. Pero ¡ca! Yo he sido una mujer de faldas en el aire, he ido flechada a la tajada de melón, a la fiesta, a la torta de azúcar. Muchas veces me he

48

asomado de madrugada a la puerta creyendo oír música de bandurrias que iba, que venía, pero era el aire. *(Ríe.)* Te vas a reír de mí. He tenido dos maridos, catorce hijos, seis murieron y sin embargo no estoy triste y quisiera vivir mucho más. Es lo que digo yo: Las higueras, ¡cuánto duran!; las casas, ¡cuánto duran!; y sólo nosotras, las endemoniadas mujeres, nos hacemos polvo por cualquier cosa.

YERMA

Yo quisiera hacerle una pregunta.

VIEJA

¿A ver? *(La mira.)* Ya sé lo que me vas a decir. De estas cosas no se puede decir palabra. *(Se levanta.)*

YERMA

(Deteniéndola.) ¿Por qué no? Me ha dado confianza el oírla hablar. Hace tiempo estoy deseando tener conversaciones con mujer vieja. Porque yo quiero enterarme. Sí. Usted me dirá...

VIEJA

¿Qué?

YERMA

(Bajando la voz.) Lo que usted sabe. ¿Por qué estoy yo seca? ¿Me he de quedar en plena vida para cuidar aves o poner cortinitas planchadas en mi ventanillo? No. Usted me ha de decir lo que tengo que hacer, que yo haré lo que sea, aunque me mande clavarme agujas en el sitio más débil de mis ojos.

VIEJA

¿Yo? Yo no sé nada. Yo me he puesto boca arriba y he comenzado a cantar. Los hijos llegan como el agua. ¡Ay! ¿Quién puede decir que este cuerpo que tienes no es hermoso? Pisas y al fondo de la calle relincha el caballo. ¡Ay! Déjame, muchacha, no me hagas hablar. Pienso muchas ideas que no quiero decir.

YERMA

¿Por qué? Con mi marido no hablo de otra cosa.

VIEJA

Oye. ¿A ti te gusta tu marido?

YERMA

¿Cómo?

VIEJA

¿Qué si lo quieres? ¿Si deseas estar con él?…

YERMA

No sé.

VIEJA

¿No tiemblas cuando se acerca a ti? ¿No te da así como un sueño cuando acerca sus labios? Dime.

YERMA

No. No lo he sentido nunca.

VIEJA

¿Nunca? ¿Ni cuando has bailado?

YERMA

(Recordando.) Quizá… Una vez… Víctor…

VIEJA

Sigue.

YERMA

Me cogió de la cintura y no pude decirle nada porque no podía hablar. Otra vez, el mismo Víctor, teniendo yo catorce años (él era un zagalón), me cogió en sus brazos para saltar una acequia y me entró un temblor que me sonaron los dientes. Pero es que yo he sido vergonzosa.

VIEJA

¿Y con tu marido?...

YERMA

Mi marido es otra cosa. Me lo dio mi padre y yo lo acepté. Con alegría. Esta es la pura verdad. Pues el primer día que me puse novia con él ya pensé... en los hijos. Y me miraba en sus ojos. Sí, pero era para verme muy chica, muy manejable, como si yo misma fuera hija mía.

VIEJA

Todo lo contrario que yo. Quizá por eso no hayas parido a tiempo. Los hombres tienen que gustar, muchacha. Han de deshacernos las trenzas y darnos de beber agua en su misma boca. Así corre el mundo.

YERMA

El tuyo, que el mío, no. Yo pienso muchas cosas, muchas, y estoy segura que las cosas que pienso las ha de realizar mi hijo. Yo me entregué a mi marido por él, y me sigo entregando para ver si llega, pero nunca por divertirme.

VIEJA

¡Y resulta que estás vacía!

YERMA

No, vacía no, porque me estoy llenando de odio. Dime, ¿tengo yo la culpa? ¿Es preciso buscar en el hombre el hombre nada más? Entonces, ¿qué vas a pensar cuando te deja en la cama con los ojos tristes mirando al techo y da media vuelta y se duerme? ¿He de quedarme pensando en él o en lo que puede salir relumbrando de mi pecho? Yo no sé, pero dímelo tú, por caridad. *(Se arrodilla.)*

VIEJA

¡Ay, qué flor abierta! ¡Qué criatura tan hermosa eres! Déjame. No me hagas hablar más. No quiero hablarte más. Son asuntos de honra y yo no quemo la honra de nadie. Tú sabrás. De todos modos, debías ser menos inocente.

YERMA

(Triste.) Las muchachas que se crían en el campo, como yo, tienen cerradas todas las puertas. Todo se vuelven medias palabras, gestos, porque todas estas cosas dicen que no se pueden saber. Y tú también, tú también te callas y te vas con aire de doctora, sabiéndolo todo, pero negándolo a la que se muere de sed.

VIEJA

A otra mujer serena yo le hablaría. A ti, no. Soy vieja y sé lo que digo.

YERMA

Entonces, que Dios me ampare.

VIEJA

Dios, no. A mí no me ha gustado nunca Dios. ¿Cuándo os vais a dar cuenta de que no existe? Son los hombres los que te tienen que amparar.

YERMA

Pero ¿por qué me dices eso?, ¿por qué?

VIEJA

(*Yéndose.*) Aunque debía haber Dios, aunque fuera pequeñito, para que mandara rayos contra los hombres de simiente podrida que encharcan la alegría de los campos.

YERMA

No sé lo que me quieres decir.

VIEJA

(*Sigue.*) Bueno, yo me entiendo. No pases tristeza. Espera en firme. Eres muy joven todavía. ¿Qué quieres que haga yo? (*Se va.*)

(*Aparecen dos Muchachas.*)

MUCHACHA 1.ª

Por todas partes nos vamos encontrando gente.

YERMA

Con las faenas los hombres están en los olivos, hay que traerles de comer. No quedan en las casas más que los ancianos.

MUCHACHA 2.ª

¿Tú regresas al pueblo?

YERMA

Hacia allá voy.

MUCHACHA 1.ª

Yo llevo mucha prisa. Me dejé al niño dormido y no hay nadie en casa.

YERMA

Pues aligera, mujer. Los niños no se pueden dejar solos. ¿Hay cerdos en tu casa?

MUCHACHA 1.ª

No. Pero tienes razón. Voy deprisa.

YERMA

Anda. Así pasan las cosas. Seguramente lo has dejado encerrado.

MUCHACHA 1.ª

Es natural.

YERMA

Sí, pero es que no os dais cuenta de lo que es un niño pequeño. La causa que nos parece más inofensiva puede acabar con él. Una agujita, un sorbo de agua.

MUCHACHA 1.ª

Tienes razón. Voy corriendo. Es que no me doy bien cuenta de las cosas.

YERMA

Anda.

MUCHACHA 2.ª

Si tuvieras cuatro o cinco, no hablarías así.

YERMA

¿Por qué? Aunque tuviera cuarenta.

MUCHACHA 2.ª

De todos modos, tú y yo, con no tenerlos, vivimos más tranquilas.

YERMA

Yo, no.

MUCHACHA 2.ª

Yo, sí. ¡Qué afán! En cambio mi madre no hace
más que darme yerbajos para que los tenga y en
Octubre iremos al Santo, que dicen los da a la que
los pide con ansia. Mi madre pedirá. Yo, no.

YERMA

¿Por qué te has casado?

MUCHACHA 2.ª

Porque me han casado. Se casan todas. Si segui-
mos así, no va a haber solteras más que las niñas.
Bueno, y además..., una se casa en realidad mucho antes de ir a la iglesia. Pero las viejas se empeñan en
todas estas cosas. Yo tengo diecinueve años y no
me gusta guisar, ni lavar. Bueno, pues todo el día
he de estar haciendo lo que no me gusta. ¿Y para
qué? ¿Qué necesidad tiene mi marido de ser mi
marido? Porque lo mismo hacíamos de novios que
ahora. Tonterías de los viejos.

YERMA

Calla, no digas esas cosas.

MUCHACHA 2.ª

También tú me dirás loca. «¡La loca, la loca!» *(Ríe.)*
Yo te puedo decir lo único que he aprendido en la
vida: toda la gente está metida dentro de sus casas
haciendo lo que no les gusta. Cuánto mejor se está
en medio de la calle. Ya voy al arroyo, ya subo
a tocar las campanas, ya me tomo un refresco de
anís.

YERMA
Eres una niña.

MUCHACHA 2.ª
Claro, pero no estoy loca. *(Ríe.)*

YERMA
¿Tu madre vive en la parte más alta del pueblo?

MUCHACHA 2.ª
Sí.

YERMA
En la última casa.

MUCHACHA 2.ª
Sí.

YERMA
¿Cómo se llama?

MUCHACHA 2.ª
Dolores. ¿Por qué preguntas?

YERMA
Por nada.

MUCHACHA 2.ª
Por algo preguntarás.

YERMA
No sé... Es un decir...

MUCHACHA 2.ª
Allá tú... Mira, me voy a dar la comida a mi marido. *(Ríe.)* Es lo que hay que ver. ¡Qué lástima no

poder decir mi novio! ¿Verdad? *(Se va riendo alegremente.)* ¡Adiós!

Voz *[Cantando.]*

¿Por qué duermes solo, pastor?
En mi colcha de lana
dormirías mejor.

YERMA

¿Por qué duermes solo, pastor?
En mi colcha de lana
dormirías mejor.

(Escuchando.)

[Voz]

Tu colcha de oscura piedra,
                    pastor,
y tu camisa de escarcha,
                    pastor,
juncos grises del invierno
en la noche de tu cama.
Los robles ponen agujas,
                    pastor,
debajo de tu almohada,
                    pastor,
y si oyes voz de mujer
es la rota voz del agua,
                pastor, pastor.
¿Qué quiere el monte de ti,
                pastor?
Monte de hierbas amargas.
¿Qué niño te está matando?
¡La espina de la retama!

(Va a salir y se tropieza con Víctor, que entra.)

57

VÍCTOR

(*Alegre.*) ¿Dónde va lo hermoso?

YERMA

¿Cantabas tú?

VÍCTOR

Yo.

YERMA

¡Qué bien! Nunca te había sentido.

VÍCTOR

¿No?

YERMA

Y qué voz tan pujante. Parece un chorro de agua que te llena toda la boca.

VÍCTOR

Soy alegre.

YERMA

Es verdad.

VÍCTOR

Como tú triste.

YERMA

No soy triste. Es que tengo motivos para estarlo.

VÍCTOR

Y tu marido más triste que tú.

YERMA

El sí. Tiene un carácter seco.

VÍCTOR

Siempre fue igual. *(Pausa. Yerma está sentada.)* ¿Viniste a traer la comida?

YERMA

Sí. *(Lo mira. Pausa.)* ¿Qué tienes aquí? *(Señala la cara.)*

VÍCTOR

¿Dónde?

YERMA

(Se levanta y se acerca a Víctor.) Aquí..., en la mejilla, como una quemadura.

VÍCTOR

No es nada.

YERMA

Me había parecido.

(Pausa.)

VÍCTOR

Debe ser el sol...

YERMA

Quizá...

(Pausa. El silencio se acentúa y sin el menor gesto comienza una lucha entre los dos personajes.)

YERMA

(Temblando.) ¿Oyes?

VÍCTOR

¿Qué?

YERMA

¿No sientes llorar?

VÍCTOR

(Escuchando.) No.

YERMA

Me había parecido que lloraba un niño.

VÍCTOR

¿Sí?

YERMA

Muy cerca. Y lloraba como ahogado.

VÍCTOR

Por aquí hay siempre muchos niños que vienen a robar fruta.

YERMA

No. Es la voz de un niño pequeño.

(Pausa.)

VÍCTOR

No oigo nada.

YERMA

Serán ilusiones mías.

(Lo mira fijamente y Víctor la mira también y desvía la mirada lentamente, como con miedo.)
(Sale Juan.)

JUAN

¿Qué haces todavía aquí?

YERMA
  Hablaba.

VÍCTOR
  Salud. *(Sale.)*

JUAN
  Debías estar en casa.

YERMA
  Me entretuve.

JUAN
  No comprendo en qué te has entretenido.

YERMA
  Oí cantar los pájaros.

JUAN
  Está bien. Así darás que hablar a las gentes.

YERMA
  (Fuerte.) Juan, ¿qué piensas?

JUAN
  No lo digo por ti, lo digo por las gentes.

YERMA
  Puñalada que le den a las gentes.

JUAN
  No maldigas. Está feo en una mujer.

YERMA
  Ojalá fuera yo una mujer.

JUAN

Vamos a dejarnos de conversación. Vete a la casa. *(Pausa.)*

YERMA

Está bien. ¿Te espero?

JUAN

No. Estaré toda la noche regando. Viene poca agua, es mía hasta la salida del sol y tengo que defenderla de los ladrones. Te acuestas y te duermes.

YERMA

(Dramática.) ¡Me dormiré! *(Sale.)*

TELON

ACTO SEGUNDO

*Torrente donde lavan las mujeres del pueblo. Las la-
vanderas están situadas en varios planos.*

(Canto a telón corrido.)

> En el arroyo claro
> lavo tu cinta.
> Como un jazmín caliente
> tienes la risa.

LAVANDERA 1.ª
A mí no me gusta hablar.

LAVANDERA 3.ª
Pero aquí se habla.

LAVANDERA 4.ª
Y no hay mal en ello.

LAVANDERA 5.ª
La que quiera honra, que la gane.

LAVANDERA 4.ª

Yo planté un tomillo,
yo lo vi crecer.
El que quiera honra,
que se porte bien.

(Ríen.)

LAVANDERA 5.ª
Así se habla.

LAVANDERA 1.ª
Pero es que nunca se sabe nada.

LAVANDERA 4.ª
Lo cierto es que el marido se ha llevado a vivir
con ellos a sus dos hermanas.

LAVANDERA 5.ª
¿Las solteras?

LAVANDERA 4.ª
Sí. Estaban encargadas de cuidar la iglesia y ahora cuidarán de su cuñada. Yo no podría vivir con
ellas.

LAVANDERA 1.ª
¿Por qué?

LAVANDERA 4.ª
Porque dan miedo. Son como esas hojas grandes
que nacen de pronto sobre los sepulcros. Están un-
tadas con cera. Son metidas hacia dentro. Se me

figura que guisan su comida con el aceite de las lámparas.

LAVANDERA 3.ª
¿Y están ya en la casa?

LAVANDERA 4.ª
Desde ayer. El marido sale otra vez a sus tierras.

LAVANDERA 1.ª
¿Pero se puede saber lo que ha ocurrido?

LAVANDERA 5.ª
Anteanoche ella la pasó sentada en el tranco, a pesar del frío.

LAVANDERA 1.ª
Pero, ¿por qué?

LAVANDERA 4.ª
Le cuesta trabajo estar en su casa.

LAVANDERA 5.ª
Estas machorras son así. Cuando podían estar haciendo encajes o confituras de manzanas, les gusta subirse al tejado y andar descalzas por esos ríos.

LAVANDERA 1.ª
¿Quién eres tú para decir estas cosas? Ella no tiene hijos, pero no es por culpa suya.

LAVANDERA 4.ª
Tiene hijos la que quiere tenerlos. Es que las regalonas, las flojas, las endulzadas, no son a propósito para llevar el vientre arrugado.

(Ríen.)

3

LAVANDERA 3.ª

Y se echan polvos de blancura y colorete y se prenden ramos de adelfa en busca de otro que no es su marido.

LAVANDERA 5.ª

¡No hay otra verdad!

LAVANDERA 1.ª

Pero ¿vosotras la habéis visto con otro?

LAVANDERA 4.ª

Nosotras no, pero las gentes sí.

LAVANDERA 1.ª

¡Siempre las gentes!

LAVANDERA 5.ª

Dicen que en dos ocasiones.

LAVANDERA 2.ª

¿Y qué hacían?

LAVANDERA 4.ª

Hablaban.

LAVANDERA 1.ª

Hablar no es pecado.

LAVANDERA 4.ª

Hay una cosa en el mundo que es la mirada. Mi madre lo decía. No es lo mismo una mujer mirando a unas rosas que una mujer mirando a los muslos de un hombre. Ella lo mira.

LAVANDERA 1.ª

¿Pero a quién?

LAVANDERA 4.ª
A uno. ¿Lo oyes? Entérate tú. ¿Quieres que lo diga
más alto? *(Risas.)* Y cuando no lo mira, porque está
sola, porque no lo tiene delante, lo lleva retratado
en los ojos.

LAVANDERA 1.ª
¡Eso es mentira!

(Algazara.)

LAVANDERA 5.ª
¿Y el marido?

LAVANDERA 3.ª
El marido está como sordo. Parado como un lagarto
puesto al sol.

(Ríen.)

LAVANDERA 1.ª
Todo esto se arreglaría si tuvieran criaturas.

LAVANDERA 2.ª
Todo esto son cuestiones de gente que no tiene
conformidad con su sino.

LAVANDERA 4.ª
Cada hora que transcurre aumenta el infierno en
aquella casa. Ella y las cuñadas, sin despegar los
labios, blanquean todo el día las paredes, friegan
los cobres, limpian con vaho los cristales, dan aceite a la solería. Pues, cuando más relumbra la vivienda, más arde por dentro.

LAVANDERA 1.ª
El tiene la culpa, él. Cuando un padre no da hijos
debe cuidar de su mujer.

LAVANDERA 4.ª
La culpa es de ella, que tiene por lengua un pedernal.

LAVANDERA 1.ª
¿Qué demonio se te ha metido entre los cabellos para que hables así?

LAVANDERA 4.ª
¿Y quién ha dado licencia a tu boca para que me des consejos?

LAVANDERA 5.ª
¡Callar!

(Risas.)

LAVANDERA 1.ª
Con una aguja de hacer calceta ensartaría yo las lenguas murmuradoras.

LAVANDERA 5.ª
¡Calla!

LAVANDERA 4.ª
Y yo la tapa del pecho de las fingidas.

LAVANDERA 5.ª
Silencio. ¿No veis que por ahí vienen las cuñadas?

(Murmullos. Entran las dos cuñadas de Yerma. Van vestidas de luto. Se ponen a lavar en medio de un silencio. Se oyen esquilas.)

LAVANDERA 1.ª
¿Se van ya los zagales?

LAVANDERA 3.ª
Sí, ahora salen todos los rebaños.

LAVANDERA 4.ª
(Respirando.) Me gusta el olor de las ovejas.

LAVANDERA 3.ª
¿Sí?

LAVANDERA 4.ª
¿Y por qué no? Olor de lo que una tiene. Como me gusta el olor del fango rojo que trae el río por el invierno.

LAVANDERA 3.ª
Caprichos.

LAVANDERA 5.ª
(Mirando.) Van juntos todos los rebaños.

LAVANDERA 4.ª
Es una inundación de lana. Arramblan con todo. Si los trigos verdes tuvieran cabeza, temblarían de verlos venir.

LAVANDERA 3.ª
¡Mira cómo corren! ¡Qué manada de enemigos!

LAVANDERA 1.ª
Ya salieron todos, no falta uno.

LAVANDERA 4.ª
A ver... No... sí, sí falta uno.

LAVANDERA 5.ª
¿Cuál?...

LAVANDERA 4.ª
El de Víctor.

(Las dos cuñadas se yerguen y miran.)

(Cantando.)

En el arroyo frío
lavo tu cinta.
Como un jazmín caliente
tienes la risa.

Quiero vivir
en la nevada chica
de ese jazmín.

LAVANDERA 1.ª
¡Ay de la casada seca!
¡Ay de la que tiene los pechos de arena!

LAVANDERA 5.ª
Dime si tu marido
guarda semilla
para que el agua cante
por tu camisa.

LAVANDERA 4.ª
Es tu camisa
nave de plata y viento
por las orillas.

LAVANDERA 3.ª
Las ropas de mi niño
vengo a lavar,
para que tome el agua
lecciones de cristal.

LAVANDERA 2.ª

Por el monte ya llega
mi marido a comer.
El me trae una rosa
y yo le doy tres.

LAVANDERA 5.ª

Por el llano ya vino
mi marido a cenar.
Las brasas que me entrega
cubro con arrayán.

LAVANDERA 4.ª

Por el aire ya viene
mi marido a dormir.
Yo alhelíes rojos
y él rojo alhelí.

LAVANDERA 3.ª

Hay que juntar flor con flor
cuando el verano seca la sangre al segador.

LAVANDERA 4.ª

Y abrir el vientre a pájaros sin sueño
cuando a la puerta llama temblando el invierno.

LAVANDERA 1.ª

Hay que gemir en la sábana.

LAVANDERA 4.ª

¡Y hay que cantar!

LAVANDERA 5.ª

Cuando el hombre nos trae
la corona y el pan.

LAVANDERA 4.ª
Porque los brazos se enlazan.

LAVANDERA 5.ª
Porque la luz se nos quiebra en la garganta.

LAVANDERA 4.ª
Porque se endulza el tallo de las ramas.

LAVANDERA 5.ª
Y las tiendas del viento cubran a las montañas.

LAVANDERA 6.ª
(Apareciendo en lo alto del torrente.)
Para que un niño funda
yertos vidrios del alba.

LAVANDERA 4.ª
Y nuestro cuerpo tiene
ramas furiosas de coral.

LAVANDERA 5.ª
Para que haya remeros
en las aguas del mar.

LAVANDERA 1.ª
Un niño pequeño, un niño.

LAVANDERA 2.ª
Y las palomas abren las alas y el pico.

LAVANDERA 3.ª
Un niño que gime, un hijo.

LAVANDERA 4.ª
Y los hombres avanzan
como ciervos heridos.

LAVANDERA 5.ª
¡Alegría, alegría, alegría
del vientre redondo bajo la camisa!

LAVANDERA 2.ª
¡Alegría, alegría, alegría,
ombligo, cáliz tierno de maravilla!

LAVANDERA 1.ª
¡Pero ay de la casada seca!
¡Ay de la que tiene los pechos de arena!

LAVANDERA 4.ª
¡Que relumbre!

LAVANDERA 5.ª
                    ¡Que corra!

LAVANDERA 4.ª
¡Que vuelva a relumbrar!

LAVANDERA 3.ª
¡Que cante!

LAVANDERA 2.ª
                    ¡Que se esconda!

LAVANDERA 3.ª
Y que vuelva a cantar.

LAVANDERA 6.ª
La aurora que mi niño
lleva en el delantal.

(Cantan todas a coro.)

En el arroyo frío
lavo tu cinta.
Como un jazmín caliente
tienes la risa.
¡Ja, ja, ja!

(Mueven los paños con ritmo y los golpean.)

TELON

Cuadro Segundo

Casa de Yerma. Atardece. Juan está sentado. Las dos hermanas de pie.

JUAN

¿Dices que salió hace poco? *(La hermana mayor contesta con la cabeza.)* Debe estar en la fuente. Pero ya sabéis que no me gusta que salga sola. *(Pausa.)* Puedes poner la mesa. *(Mutis [de] la hermana menor.)* Bien ganado tengo el pan que como. *(A su hermana.)* Ayer pasé un día duro. Estuve podando los manzanos y a la caída de la tarde me puse a pensar para qué pondría yo tanta ilusión en la faena si no puedo llevarme una manzana a la boca. Estoy harto. *(Se pasa las manos por la cara. Pausa.)* Esa no viene... Una de vosotras debía salir con ella, porque para eso estáis aquí comiendo en mi mantel y bebiendo mi vino. Mi vida está en el campo, pero mi honra está aquí. Y mi honra es también vuestra. *(La hermana inclina la cabeza.)* No lo tomes a mal. *(Entra Yerma con dos cántaros. Queda parada en la puerta.)* ¿Vienes de la fuente?

YERMA

Para tener agua fresca en la comida. *(Mutis [de] la otra hermana.)* ¿Cómo están las tierras?

JUAN

Ayer estuve podando los árboles.

(Yerma deja los cántaros. Pausa.)

YERMA

¿Te quedarás?

JUAN

He de cuidar el ganado. Tú sabes que esto es cosa del dueño.

YERMA

Lo sé muy bien. No lo repitas.

JUAN

Cada hombre tiene su vida.

YERMA

Y cada mujer la suya. No te pido yo que te quedes. Aquí tengo todo lo que necesito. Tus hermanas me guardan bien. Pan tierno y requesón y cordero asado como yo aquí, y pasto lleno de rocío tus ganados en el monte. Creo que puedes vivir en paz.

JUAN

Para vivir en paz se necesita estar tranquilo.

YERMA

Y tú no estás.

JUAN

No estoy.

YERMA

Desvía la intención.

JUAN

¿Es que no conoces mi modo de ser? Las ovejas en el redil y las mujeres en su casa. Tú sales demasiado. ¿No me has oído decir esto siempre?

YERMA

Justo. Las mujeres dentro de sus casas. Cuando las casas no son tumbas. Cuando las sillas se rompen y las sábanas de hilo se gastan con el uso. Pero aquí, no. Cada noche, cuando me acuesto, encuentro mi cama más nueva, más reluciente, como si estuviera recién traída de la ciudad.

JUAN

Tú misma reconoces que llevo razón al quejarme. ¡Que tengo motivos para estar alerta!

YERMA

Alerta ¿de qué? En nada te ofendo. Vivo sumisa a ti y lo que sufro lo guardo pegado a mis carnes. Y cada día que pase será peor. Vamos a callarnos. Yo sabré llevar mi cruz como mejor pueda, pero no me preguntes nada. Si pudiera de pronto volverme vieja y tuviera la boca como una flor machacada, te podría sonreír y conllevar la vida contigo. Ahora, ahora, déjame con mis clavos.

JUAN

Hablas de una manera que yo no te entiendo. No te
privo de nada. Mando a los pueblos vecinos por
las cosas que te gustan. Yo tengo mis defectos, pero
quiero tener paz y sosiego contigo. Quiero dormir
fuera y pensar que tú duermes también.

YERMA

Pero yo no duermo, yo no puedo dormir.

JUAN

¿Es que te falta algo? Dime. ¡Contesta!

YERMA

(Con intención y mirando fijamente al marido.) Sí,
me falta.

(Pausa.)

JUAN

Siempre lo mismo. Hace ya más de cinco años. Yo
casi lo estoy olvidando.

YERMA

Pero yo no soy tú. Los hombres tienen otra vida:
los ganados, los árboles, las conversaciones; y las
mujeres no tenemos más que ésta de la cría y el
cuido de la cría.

JUAN

Todo el mundo no es igual. ¿Por qué no te traes
un hijo de tu hermano? Yo no me opongo.

YERMA

No quiero cuidar hijos de otras. Me figuro que se
me van a helar los brazos de tenerlos.

JUAN

Con este achaque vives alocada, sin pensar en lo que debías, y te empeñas en meter la cabeza por una roca.

YERMA

Roca que es una infamia que sea roca, porque debía ser un canasto de flores y agua dulce.

JUAN

Estando a tu lado no se siente más que inquietud, desasosiego. En último caso debes resignarte.

YERMA

Yo he venido a estas cuatro paredes para no resignarme. Cuando tenga la cabeza atada con un pañuelo para que no se me abra la boca, y las manos bien amarradas dentro del ataúd, en esa hora me habré resignado.

JUAN

Entonces, ¿qué quieres hacer?

YERMA

Quiero beber agua y no hay vaso ni agua; quiero subir al monte y no tengo pies; quiero bordar mis enaguas y no encuentro los hilos.

JUAN

Lo que pasa es que no eres una mujer verdadera y buscas la ruina de un hombre sin voluntad.

YERMA

Yo no sé quién soy. Déjame andar y desahogarme. En nada te he faltado.

JUAN

No me gusta que la gente me señale. Por eso quiero ver cerrada esa puerta y cada persona en su casa.

(Sale la hermana lentamente y se acerca a una alacena.)

YERMA

Hablar con la gente no es pecado.

JUAN

Pero puede parecerlo. *(Sale la otra hermana y se dirige a los cántaros, en los cuales llena una jarra.)* *(Bajando la voz.)* Yo no tengo fuerza para estas cosas. Cuando te den conversación, cierras la boca y piensas que eres una mujer casada.

YERMA

(Con asombroso.) ¡Casada!

JUAN

Y que las familias tienen honra y la honra es una carga que se lleva entre todos. *(Mutis [de] la hermana con la jarra, lentamente.)* Pero que está oscura y débil en los mismos caños de la sangre. *(Mutis [de] la otra hermana con una fuente, de modo casi procesional.)* *(Pausa.)* Perdóname. *(Yerma mira a su marido; éste levanta la cabeza y se tropieza con la mirada.)* Aunque me miras de un modo que no debía decirte perdóname, sino obligarte, encerrarte, porque para eso soy el marido.

(Aparecen las dos hermanas en la puerta.)

YERMA

Te ruego que no hables. Deja quieta la cuestión.

(Pausa.)

JUAN

Vamos a comer. *(Entran las hermanas.)* ¿Me has oído?

YERMA

(Dulce.) Come tú con tus hermanas. Yo no tengo hambre todavía.

JUAN

Lo que quieras.

(Mutis.)

YERMA
(Como soñando.)

> ¡Ay, qué prado de pena!
> ¡Ay, qué puerta cerrada a la hermosura,
> que pido un hijo que sufrir y el aire
> me ofrece dalias de dormida luna!
> Estos dos manantiales que yo tengo
> de leche tibia, son en la espesura
> de mi carne, dos pulsos de caballo,
> que hacen latir la rama de mi angustia.
> ¡Ay pechos ciegos bajo mi vestido!
> ¡Ay palomas sin ojos ni blancura!
> ¡Ay, qué dolor de sangre prisionera
> me está clavando avispas en la nuca!
> Pero tú has de venir, amor, mi niño,
> porque el agua da sal, la tierra fruta,
> y nuestro vientre guarda tiernos hijos
> como la nube lleva dulce lluvia.

(Mira hacia la puerta.) ¡María! ¿Por qué pasas tan deprisa por mi puerta?

MARÍA

(Entra con un niño en brazos.) Cuando estoy con el niño, lo hago... ¡Como siempre lloras!...

YERMA

Tienes razón. *(Coge al niño y se sienta.)*

MARÍA

Me da tristeza que tengas envidia. *(Se sienta.)*

YERMA

No es envidia lo que tengo; es pobreza.

MARÍA

No te quejes.

YERMA

¡Cómo no me voy a quejar cuando te veo a ti y a las otras mujeres llenas por dentro de flores, y viéndome yo inútil en medio de tanta hermosura!

MARÍA

Pero tienes otras cosas. Si me oyeras, podrías ser feliz.

YERMA

La mujer del campo que no da hijos es inútil como un manojo de espinos, y hasta mala, a pesar de que yo sea de este desecho dejado de la mano de Dios.

(María hace un gesto para tomar al niño.)

Tómalo; contigo está más a gusto. Yo no debo tener manos de madre.

MARÍA
¿Por qué me dices eso?

YERMA
(Se levanta.) Porque estoy harta, porque estoy harta de tenerlas y no poderlas usar en cosa propia. Que estoy ofendida, ofendida y rebajada hasta lo último, viendo que los trigos apuntan, que las fuentes no cesan de dar agua, y que paren las ovejas cientos de corderos, y las perras, y que parece que todo el campo puesto de pie me enseña sus crías tiernas, adormiladas, mientras yo siento dos golpes de martillo aquí, en lugar de la boca de mi niño.

MARÍA
No me gusta lo que dices.

YERMA
Las mujeres, cuando tenéis hijos, no podéis pensar en las que no los tenemos. Os quedáis frescas, ignorantes, como el que nada en agua dulce no tiene idea de la sed.

MARÍA
No te quiero decir lo que te digo siempre.

YERMA
Cada vez tengo más deseos y menos esperanzas.

MARÍA
Mala cosa.

YERMA
Acabaré creyendo que yo misma soy mi hijo. Muchas noches bajo yo a echar la comida a los bueyes, que antes no lo hacía porque ninguna mujer lo

hace, y cuando paso por lo oscuro del cobertizo
mis pasos me suenan a pasos de hombre.

MARÍA

Cada criatura tiene su razón.

YERMA

A pesar de todo, sigue queriéndome. ¡Ya ves cómo
vivo!

MARÍA

¿Y tus cuñadas?

YERMA

Muerta me vea y sin mortaja, si alguna vez las di-
rijo la conversación.

MARÍA

¿Y tu marido?

YERMA

Son tres contra mí.

MARÍA

¿Qué piensan?

YERMA

Figuraciones. De gente que no tiene la conciencia
tranquila. Creen que me puede gustar otro hombre
y no saben que, aunque me gustara, lo primero de
mi casta es la honradez. Son piedras delante de mí.
Pero ellos no saben que yo, si quiero, puedo ser
agua de arroyo que las lleve.

(Una hermana entra y sale llevando un pan.)

MARÍA

De todas maneras, creo que tu marido te sigue queriendo.

YERMA

Mi marido me da pan y casa.

MARÍA

¡Qué trabajo estás pasando, qué trabajos, pero acuérdate de las llagas de Nuestro Señor!

(Están en la puerta.)

YERMA

(Mirando al niño.) Ya ha despertado.

MARÍA

Dentro de poco empezará a cantar.

YERMA

Lo mismos ojos que tú, ¿lo sabías? ¿Los has visto? *(Llorando.)* ¡Tiene los mismos ojos que tú! *(Yerma empuja suavemente a María y ésta sale silenciosa. Yerma se dirige a la puerta por donde entró su marido.)*

MUCHACHA 2.ª

¡Chisss!

YERMA

(Volviéndose.) ¿Qué?

MUCHACHA 2.ª

Esperé a que saliera. Mi madre te está aguardando.

YERMA

¿Está sola?

MUCHACHA 2.ª
  Con dos vecinas.

YERMA
  Dile que esperen un poco.

MUCHACHA 2.ª
  ¿Pero vas a ir? ¿No te da miedo?

YERMA
  Voy a ir.

MUCHACHA 2.ª
  ¡Allá tú!

YERMA
  ¡Que me esperen aunque sea tarde! *(Entra Víctor.)*

VÍCTOR
  ¿Está Juan?

YERMA
  Sí.

MUCHACHA 2.ª
  (Cómplice.) Entonces, luego yo traeré la blusa.

YERMA
  Cuando quieras. *(Sale la Muchacha.)* Siéntate.

VÍCTOR
  Estoy bien así.

YERMA
  (Llamándolo.) ¡Juan!

VÍCTOR

Vengo a despedirme.

YERMA

(Se estremece ligeramente, pero vuelve a su serenidad.) ¿Te vas con tus hermanos?

VÍCTOR

Así lo quiere mi padre.

YERMA

Ya debe estar viejo.

VÍCTOR

Sí, muy viejo.

(Pausa.)

YERMA

Haces bien en cambiar de campos.

VÍCTOR

Todos los campos son iguales.

YERMA

No. Yo me iría muy lejos.

VÍCTOR

Es todo lo mismo. Las mismas ovejas tienen la misma lana.

YERMA

Para los hombres, sí, pero las mujeres somos otra cosa. Nunca oí decir a un hombre comiendo: «¡qué buenas son estas manzanas!» Vais a lo vuestro sin reparar en las delicadezas. De mí sé decir que he aborrecido el agua de estos pozos.

VÍCTOR

Puede ser.

(La escena está en una suave penumbra.)

YERMA

Víctor.

VÍCTOR

Dime.

YERMA

¿Por qué te vas? Aquí las gentes te quieren.

VÍCTOR

Yo me porté bien.

(Pausa.)

YERMA

Te portaste bien. Siendo zagalón me llevaste una vez en brazos; ¿no recuerdas? Nunca se sabe lo que va a pasar.

VÍCTOR

Todo cambia.

YERMA

Algunas cosas no cambian. Hay cosas encerradas detrás de los muros que no pueden cambiar porque nadie las oye.

VÍCTOR

Así es.

(Aparece la hermana segunda y se dirige lentamente hacia la puerta, donde queda fija, iluminada por la última luz de la tarde.)

YERMA

Pero que si salieran de pronto y gritaran, llenarían el mundo.

VÍCTOR

No se adelantaría nada. La acequia por su sitio, el rebaño en el redil, la luna en el cielo y el hombre con su arado.

YERMA

¡Qué pena más grande no poder sentir las enseñanzas de los viejos!

(Se oye el sonido largo y melancólico de las caracolas de los pastores.)

VÍCTOR

Los rebaños.

JUAN

(Sale.) ¿Vas ya de camino?

VÍCTOR

Y quiero pasar el puerto antes del amanecer.

JUAN

¿Llevas alguna queja de mí?

VÍCTOR

No. Fuiste buen pagador.

JUAN

(A Yerma.) Le compré los rebaños.

YERMA

¿Sí?

VÍCTOR

(A Yerma.) Tuyos son.

YERMA

No lo sabía.

JUAN

(Satisfecho.) Así es.

VÍCTOR

Tu marido ha de ver su hacienda colmada.

YERMA

El fruto viene a las manos del trabajador que lo busca.

(La hermana que está en la puerta entra dentro.)

JUAN

Ya no tenemos sitio donde meter tantas ovejas.

YERMA

(Sombría.) La tierra es grande.

(Pausa.)

JUAN

Iremos juntos hasta el arroyo.

VÍCTOR

Deseo la mayor felicidad para esta casa. *(Le da la mano a Yerma.)*

YERMA

¡Dios te oiga! ¡Salud!

(Víctor le da salida y, a un movimiento imperceptible de Yerma, se vuelve.)

VÍCTOR

¿Decías algo?

YERMA
(Dramática.) Salud dije.

VÍCTOR
Gracias.

(Salen. Yerma queda angustiada mirándose la mano que ha dado a Víctor. Yerma se dirige rápidamente hacia la izquierda y toma un mantón.)

MUCHACHA 2.ª
(En silencio, tapándole la cabeza.) Vamos.

YERMA
Vamos.

(Salen sigilosamente. La escena está casi a oscuras. Sale la hermana primera con un velón que no debe dar al teatro luz ninguna, sino la natural que lleva. Se dirige al fin de la escena buscando a Yerma. Suenan las caracolas de los rebaños.)

CUÑADA 1.ª
(En voz baja.) ¡Yerma!

(Sala la hermana segunda, se miran las dos y se dirigen a la puerta.)

CUÑADA 2.ª
(Más alto.) ¡Yerma! *(Sale.)*

CUÑADA 1.ª
(Dirigiéndose a la puerta también y con una imperiosa voz.) ¡Yerma!

(Sale. Se oyen los cárabos y los cuernos de los pastores. La escena está oscurísima.)

TELON

ACTO TERCERO

*Casa de la Dolores, la conjuradora. Está amanecien-
do. Entra Yerma con Dolores y dos viejas.*

DOLORES
    Has estado valiente.

VIEJA 1.ª
    No hay en el mundo fuerza como la del deseo.

VIEJA 2.ª
    Pero el cementerio estaba demasiado oscuro.

DOLORES
    Muchas veces yo he hecho estas oraciones en el ce-
menterio con mujeres que ansiaban crías, y todas
han pasado miedo. Todas, menos tú.

YERMA
    Yo he venido por el resultado. Creo que no eres
mujer engañadora.

DOLORES

No soy. Que mi lengua se llene de hormigas, como está la boca de los muertos, si alguna vez he mentido. La última vez hice la oración con una mujer mendicante, que estaba seca más tiempo que tú, y se le endulzó el vientre de manera tan hermosa que tuvo dos criaturas ahí abajo, en el río, porque no le daba tiempo a llegar a las casas, y ella misma les trajo en un pañal para que yo las arreglase.

YERMA

¿Y pudo venir andando desde el río?

DOLORES

Vino. Con los zapatos y las enaguas empapadas en sangre..., pero con la cara reluciente.

YERMA

¿Y no le pasó nada?

DOLORES

¿Qué le iba a pasar? Dios es Dios.

YERMA

Naturalmente. No le podía pasar nada, sino agarrar las criaturas y lavarlas con agua viva. Los animales los lamen, ¿verdad? A mí no me da asco de mi hijo. Yo tengo la idea de que las recién paridas están como iluminadas por dentro, y los niños se duermen horas y horas sobre ellas oyendo ese arroyo de leche tibia que les va llenando los pechos para que ellos mamen, para que ellos jueguen, hasta que no quieran más, hasta que retiren la cabeza —«otro poquito más, niño...»—, y se les llene la cara y el pecho de gotas blancas.

DOLORES

Ahora tendrás un hijo. Te lo puedo asegurar.

YERMA

Lo tendré porque lo tengo que tener. O no entiendo el mundo. A veces, cuando ya estoy segura de que jamás, jamás..., me sube como una oleada de fuego por los pies y se me quedan vacías todas las cosas, y los hombres que andan por la calle y los toros y las piedras me parecen como cosas de algodón. Y me pregunto: ¿para qué estarán ahí puestos?

VIEJA 1.ª

Está bien que una casada quiera hijos, pero si no los tiene, ¿por qué ese ansia de ellos? Lo importante de este mundo es dejarse llevar por los años. No te critico. Ya has visto cómo he ayudado a los rezos. Pero, ¿qué vega esperas dar a tu hijo, ni qué felicidad, ni qué silla de plata?

YERMA

Yo no pienso en el mañana; pienso en el hoy. Tú estás vieja y lo ves ya todo como un libro leído. Yo pienso que tengo sed y no tengo libertad. Yo quiero tener a mi hijo en los brazos para dormir tranquila y, óyelo bien y no te espantes de lo que digo: aunque yo supiera que mi hijo me iba a martirizar después y me iba a odiar y me iba a llevar de los cabellos por las calles, recibiría con gozo su nacimiento, porque es mucho mejor llorar por un hombre vivo que nos apuñala, que llorar por este fantasma sentado año tras año encima de mi corazón.

VIEJA 1.ª

Eres demasiado joven para oír consejo. Pero, mientras esperas la gracia de Dios, debes ampararte en el amor de tu marido.

YERMA

¡Ay! Has puesto el dedo en la llaga más honda que tienen mis carnes.

DOLORES

Tu marido es bueno.

YERMA

(Se levanta.) ¡Es bueno! ¡Es bueno! ¿Y qué? Ojalá fuera malo. Pero no. El va con sus ovejas por sus caminos y cuenta el dinero por las noches. Cuando me cubre, cumple con su deber, pero yo le noto la cintura fría como si tuviera el cuerpo muerto, y yo, que siempre he tenido asco de las mujeres calientes, quisiera ser en aquel instante como una montaña de fuego.

DOLORES

¡Yerma!

YERMA

No soy una casada indecente; pero yo sé que los hijos nacen del hombre y de la mujer. ¡Ay, si los pudiera tener yo sola!

DOLORES

Piensa que tu marido también sufre.

YERMA

No sufre. Lo que pasa es que él no ansía hijos.

VIEJA 1.ª

¡No digas eso!

YERMA

Se lo conozco en la mirada y, como no los ansía, no me los da. No lo quiero, no lo quiero y, sin em-

bargo, es mi única salvación. Por honra y por casta.
Mi única salvación.

VIEJA 1.ª
(Con miedo.) Pronto empezará a amanecer. Debes
irte a tu casa.

DOLORES
Antes de nada saldrán los rebaños y no conviene que
te vean sola.

YERMA
Necesitaba este desahogo. ¿Cuántas veces repito las
oraciones?

DOLORES
La oración del laurel, dos veces, y al mediodía, la
oración de Santa Ana. Cuando te sientas encinta me
traes la fanega de trigo que me has prometido.

VIEJA 1.ª
Por encima de los montes ya empieza a clarear.
Vete.

DOLORES
Como en seguida empezarán a abrir los portones,
te vas dando un rodeo por la acequia.

YERMA
(Con desaliento.) ¡No sé por qué he venido!

DOLORES
¿Te arrepientes?

YERMA
¡No!

DOLORES

(Turbada.) Si tienes miedo, te acompañaré hasta la esquina.

VIEJA 1.ª

(Con inquietud.) Van a ser las claras del día cuando llegues a tu puerta.

(Se oyen voces.)

DOLORES

¡Calla!

(Escuchan.)

VIEJA 1.ª

No es nadie. Anda con Dios.

(Yerma se dirige a la puerta y en este momento llaman a ella. Las tres mujeres quedan paradas.)

DOLORES

¿Quién es?

VOZ

Soy yo.

YERMA

Abre. *(Dolores duda.)* ¿Abres o no?

(Se oyen murmullos. Aparece Juan con las dos cuñadas.)

HERMANA 2.ª

Aquí está.

YERMA

¡Aquí estoy!

JUAN

¿Qué haces en este sitio? Si pudiera dar voces, levantaría a todo el pueblo, para que viera dónde iba la honra de mi casa; pero he de ahogarlo todo y callarme porque eres mi mujer.

YERMA

Si pudiera dar voces, también las daría yo, para que se levantaran hasta los muertos y vieran esta limpieza que me cubre.

JUAN

¡No, eso no! Todo lo aguanto menos eso. Me engañas, me envuelves y, como soy un hombre que trabaja la tierra, no tengo ideas para tus astucias.

DOLORES

¡Juan!

JUAN

¡Vosotras, ni palabra!

DOLORES

(Fuerte.) Tu mujer no ha hecho nada malo.

JUAN

Lo está haciendo desde el mismo día de la boda. Mirándome con dos agujas, pasando las noches en vela con los ojos abiertos al lado mío, y llenando de malos suspiros mis almohadas.

YERMA

¡Cállate!

JUAN

Y yo no puedo más. Porque se necesita ser de bronce para ver a tu lado una mujer que te quiere meter los dedos dentro del corazón y que se sale de noche fuera de su casa, ¿en busca de qué? ¡Dime!, ¿buscando qué? Las calles están llenas de machos. En las calles no hay flores que cortar.

YERMA

No te dejo hablar ni una sola palabra. Ni una más. Te figuras tú y tu gente que sois vosotros los únicos que guardáis honra, y no sabes que mi casta no ha tenido nunca nada que ocultar. Anda, acércate a mí y huele mis vestidos; ¡acércate!, a ver dónde encuentras un olor que no sea tuyo, que no sea de tu cuerpo. Me pones desnuda en mitad de la plaza y me escupes. Haz conmigo lo que quieras, que soy tu mujer, pero guárdate de poner nombre de varón sobre mis pechos.

JUAN

No soy yo quien lo pone; lo pones tú con tu conducta y el pueblo lo empieza a decir. Lo empieza a decir claramente. Cuando llego a un corro, todos callan; cuando voy a pesar la harina, todos callan; y hasta de noche en el campo, cuando despierto, me parece que también se callan las ramas de los árboles.

YERMA

Yo no sé por qué empiezan los malos aires que revuelcan al trigo y ¡mira tú si el trigo es bueno!

JUAN

Ni yo sé lo que busca una mujer a todas horas fuera de su tejado.

YERMA

(En un arranque y abrazándose a su marido.) Te busco a ti. Te busco a ti. Es a ti a quien busco día

y noche sin encontrar sombra donde respirar. Es tu sangre y tu amparo lo que deseo.

JUAN

¡Apártate!

YERMA

No me apartes y quiere conmigo.

JUAN

¡Quita!

YERMA

Mira que me quedo sola. Como si la luna se buscara ella misma por el cielo. ¡Mírame! *(Lo mira.)*

JUAN

(La mira y la aparta bruscamente.) ¡Déjame ya de una vez!

DOLORES

¡Juan!

(Yerma cae al suelo.)

YERMA

(Alto.) Cuando salía por mis claveles me tropccé con el muro. ¡Ay! ¡Ay! Es en ese muro donde tengo que estrellar mi cabeza.

JUAN

Calla. Vamos.

DOLORES

¡Dios mío!

YERMA

(A gritos.) Maldito sea mi padre, que me dejó su
sangre de padre de cien hijos. Maldita sea mi sangre,
que los busca golpeando por las paredes.

JUAN

¡Calla he dicho!

DOLORES

¡Viene gente! Habla bajo.

YERMA

No me importa. Dejarme libre siquiera la voz. Ahora que voy entrando en lo más oscuro del pozo.
(Se levanta.) Dejar que de mi cuerpo salga siquiera esta cosa hermosa y que llene el aire.

(Se oyen voces.)

DOLORES

Van a pasar por aquí.

JUAN

Silencio.

YERMA

¡Eso! ¡Eso! Silencio. Descuida.

JUAN

Vamos. ¡Pronto!

YERMA

¡Ya está! ¡Ya está! ¡Y es inútil que me retuerza las
manos! Una cosa es querer con la cabeza...

JUAN

Calla.

YERMA

(Bajo.) Una cosa es querer con la cabeza y otra cosa es que el cuerpo, ¡maldito sea el cuerpo!, no nos responda. ¡Está escrito y no me voy a poner a luchar a brazo partido con los mares! ¡Ya está! ¡Que mi boca se quede muda! *(Sale.)*

TELON RAPIDO

CUADRO ÚLTIMO

Alrededores de una ermita, en plena montaña. En primer término, unas ruedas de carro y unas mantas formando una tienda rústica, donde está Yerma. Entran las mujeres con ofrendas a la ermita. Vienen descalzas. En la escena está la Vieja alegre del primer acto.

(Canto a telón corrido.)

> No te pude ver
> cuando eras soltera,
> mas de casada te encontraré.
> No te pude ver
> cuando eras soltera.
> Te desnudaré,
> casada y romera,
> cuando en lo oscuro las doce den.

VIEJA

(Con sorna.) ¿Habéis bebido ya el agua santa?

MUJER 1.ª
    Sí.

VIEJA
    Y ahora, a ver a ése.

MUJER 2.ª
    Creemos en él.

VIEJA
    Venís a pedir hijos al Santo y resulta que cada año
    vienen más hombres solos a esta romería. ¿Qué es
    lo que pasa? *(Ríe.)*

MUJER 1.ª
    ¿A qué vienes aquí, si no crees?

VIEJA
    A ver. Yo me vuelvo loca por ver. Y a cuidar de
    mi hijo. El año pasado se mataron dos por una ca-
    sada seca y quiero vigilar. Y, en último caso, vengo
    porque me da la gana.

MUJER 1.ª
    ¡Que Dios te perdone!

    (Entran.)

VIEJA
    (Con sarcasmo.) ¡Que te perdone a ti!

    (Se va. Entra María con la Muchacha 1.ª.)

MUCHACHA 1.ª
    ¿Y ha venido?

MARÍA

Ahí tienes el carro. Me costó mucho que vinieran.
Ella ha estado un mes sin levantarse de la silla. Le
tengo miedo. Tiene una idea que no sé cuál es, pero
desde luego es una idea mala.

MUCHACHA 1.ª

Yo llegué con mi hermana. Lleva ocho años vinien-
do sin resultado.

MARÍA

Tiene hijos la que los tiene que tener.

MUCHACHA 1.ª

Es lo que yo digo.

(Se oyen voces.)

MARÍA

Nunca me gustó esta romería. Vamos a las eras,
que es donde está la gente.

MUCHACHA 1.ª

El año pasado, cuando se hizo oscuro, unos mozos
atenazaron con sus manos los pechos de mi hermana.

MARÍA

En cuatro leguas a la redonda no se oyen más que
palabras terribles.

MUCHACHA 1.ª

Más de cuarenta toneles de vino he visto en las es-
paldas de la ermita.

MARÍA

Un río de hombres solos baja por esas sierras.

(Se oyen voces. Entra Yerma con seis mujeres que van a la iglesia. Van descalzas y llevan cirios rizados. Empieza el anochecer.)

[MUJER 1.ª]

> Señor, que florezca la rosa,
> no me la dejéis en sombra.

[MUJER 2.ª]

> Sobre su carne marchita
> florezca la rosa amarilla.

[MUJER 3.ª]

> Y en el vientre de tus siervas,
> la llama oscura de la tierra.

CORO

> Señor, que florezca la rosa,
> no me la dejéis en sombra.

(Se arrodillan.)

YERMA

> El cielo tiene jardines
> con rosales de alegría:
> entre rosal y rosal,
> la rosa de maravilla.
> Rayo de aurora parece
> y un arcángel la vigila,
> las alas como tormentas,
> los ojos como agonías.
> Alrededor de sus hojas
> arroyos de leche tibia
> juegan y mojan la cara
> de las estrellas tranquilas.
> Señor, abre tu rosal
> sobre mi carne marchita.

(Se levantan.)

MUJER 2.ª

Señor, calma con tu mano
las ascuas de su mejilla.

YERMA

Escucha a la penitente
de tu santa romería.
Abre tu rosa en mi carne
aunque tenga mil espinas.

CORO

Señor, que florezca la rosa,
no me la dejéis en sombra.

YERMA

Sobre mi carne marchita,
la rosa de maravilla.

(Entran.)

*(Salen las muchachas corriendo con largas cintas en
las manos, por la izquierda, y entran. Por la dere-
cha, otras tres, con largas cintas y mirando hacia
atrás, que entran también. Hay en la escena como
un crescendo de voces, con ruidos de cascabeles y
colleras de campanillas. En un plano superior aparecen las siete muchachas, que agitan las cintas hacia la izquierda. Crece el ruido y entran dos máscaras populares, una como macho y otra como
hembra. Llevan grandes caretas. El Macho empuña
un cuerno de toro en la mano. No son grotescas
de ningún modo, sino de gran belleza y con un sentido de pura tierra. La Hembra agita un collar de
grandes cascabeles.)*

NIÑOS

¡El demonio y su mujer! ¡El demonio y su mujer!

(El fondo se llena de gente que grita y comenta la danza. Está muy anochecido.)

HEMBRA

> En el río de la sierra
> la esposa triste se bañaba.
> Por el cuerpo le subían
> los caracoles del agua.
> La arena de las orillas
> y el aire de la mañana
> le daban fuego a su risa
> y temblor a sus espaldas.
> ¡Ay, qué desnuda estaba
> la doncella en el agua!

NIÑO

> ¡Ay, cómo se quejaba!

HOMBRE 1.º

> ¡Ay marchita de amores!
> ¡Con el viento y el agua!

HOMBRE 2.º

> ¡Que diga a quién espera!

HOMBRE 1.º

> ¡Que diga a quién aguarda!

HOMBRE 2.º

> ¡Ay con el vientre seco
> y la color quebrada!

HEMBRA

> Cuando llegue la noche lo diré,
> cuando llegue la noche clara.
> Cuando llegue la noche de la romería
> rasgaré los volantes de mi enagua.

NIÑO

Y en seguida vino la noche.
¡Ay, que la noche llegaba!
Mirad qué oscuro se pone
el chorro de la montaña.

(Empiezan a sonar unas guitarras.)

MACHO
(Se levanta y agita el cuerno.)

¡Ay, qué blanca
la triste casada!
¡Ay, cómo se queja entre las ramas!
Amapola y clavel serás luego,
cuando el macho despliegue su capa.

(Se acerca.)

Si tú vienes a la romería
a pedir que tu vientre se abra,
no te pongas un velo de luto,
sino dulce camisa de holanda.
Vete sola detrás de los muros,
donde están las higueras cerradas,
y soporta mi cuerpo de tierra
hasta el blanco gemido del alba.
¡Ay, cómo relumbra!
¡Ay, cómo relumbraba!
¡Ay, cómo se cimbrea la casada!

HEMBRA

¡Ay, que el amor le pone
coronas y guirnaldas,
y dardos de oro vivo
en su pecho se clavan!

110

MACHO

    Siete veces gemía,
    nueve se levantaba;
    quince veces juntaron
    jazmines con naranjas.

HOMBRE 1.º

    ¡Dale ya con el cuerno!

HOMBRE 2.º

    Con la rosa y la danza.

HOMBRE 1.º

    ¡Ay, cómo se cimbrea la casada!

MACHO

    En esta romería
    el varón siempre manda.
    Los maridos son toros,
    el varón siempre manda,
    y las romeras flores
    para aquel que las gana.

NIÑO

    Dale ya con el aire.

HOMBRE 2.º

    Dale ya con la rama.

MACHO

    Venid a ver la lumbre
    de la que se bañaba.

HOMBRE 1.º

    Como junco se curva.

NIÑO

Y como flor se cansa.

HOMBRES

¡Que se aparten las niñas!

MACHO

¡Que se queme la danza!
Y el cuerpo reluciente
de la limpia casada.

(Se van bailando con son de palmas y sonrisas. Cantan.)

El cielo tiene jardines
con rosales de alegría:
entre rosal y rosal,
la rosa de maravilla.

(Vuelven a pasar dos muchachas gritando. Entra la Vieja alegre.)

VIEJA

A ver si luego nos dejáis dormir. Pero luego será ella. *(Entra Yerma.)* ¡Tú! *(Yerma está abatida y no habla.)* Dime, ¿para qué has venido?

YERMA

No sé.

VIEJA

¿No te convences? ¿Y tu esposo?

(Yerma da muestras de cansancio y de persona a la que una idea fija le quiebra la cabeza.)

YERMA

Ahí está.

VIEJA

¿Qué hace?

YERMA

Bebe. *(Pausa. Llevándose las manos a la frente.)* ¡Ay!

VIEJA

¡Ay, ay! Menos ¡ay! y más alma. Antes no he podido decirte nada, pero ahora sí.

YERMA

¡Y qué me vas a decir que ya no sepa!

VIEJA

Lo que ya no se puede callar. Lo que está puesto encima del tejado. La culpa es de tu marido. ¿Lo oyes? Me dejaría cortar las manos. Ni su padre, ni su abuelo, ni su bisabuelo se portaron como hombres de casta. Para tener un hijo ha sido necesario que se junte el cielo con la tierra. Están hechos con saliva. En cambio, tu gente, no. Tienes hermanos y primos a cien leguas a la redonda. Mira qué maldición ha venido a caer sobre tu hermosura.

YERMA

Una maldición. Un charco de veneno sobre las espigas.

VIEJA

Pero tú tienes pies para marcharte de tu casa.

YERMA

¿Para marcharme?

VIEJA

Cuando te vi en la romería me dio un vuelco el corazón. Aquí vienen las mujeres a conocer hombres
nuevos y el Santo hace el milagro. Mi hijo está sentado detrás de la ermita esperándome. Mi casa necesita una mujer. Vete con él y viviremos los tres
juntos. Mi hijo sí es de sangre. Como yo. Si entras
en mi casa, todavía queda olor de cunas. La ceniza
de tu colcha se te volverá pan y sal para las crías.
Anda. No te importe la gente. Y, en cuanto a tu marido, hay en mi casa entrañas y herramientas para
que no cruce siquiera la calle.

YERMA

Calla, calla. ¡Si no es eso! Nunca lo haría. Yo no
puedo ir a buscar. ¿Te figuras que puedo conocer
otro hombre? ¿Dónde pones mi honra? El agua no
se puede volver atrás, ni la luna llena sale al mediodía. Vete. Por el camino que voy seguiré. ¿Has pensado en serio que yo me pueda doblar a otro hombre? ¿Que yo vaya a pedirle lo que es mío como
una esclava? Conóceme, para que nunca me hables
más. Yo no busco.

VIEJA

Cuando se tiene sed, se agradece el agua.

YERMA

Yo soy como un campo seco donde caben arando
mil pares de bueyes, y lo que tú me das es un pequeño vaso de agua de pozo. Lo mío es dolor que
ya no está en las carnes.

VIEJA

(Fuerte.) Pues sigue así. Por tu gusto es. Como los
cardos del secano, pinchosa, marchita.

YERMA

(Fuerte.) Marchita sí, ¡ya lo sé! ¡Marchita! No es preciso que me lo refriegues por la boca. No vengas a solazarte como los niños pequeños en la agonía de un animalito. Desde que me casé estoy dándole vueltas a esta palabra, pero es la primera vez que la oigo, la primera vez que me la dicen en la cara. La primera vez que veo que es verdad.

VIEJA

No me da ninguna lástima, ninguna. Yo buscaré otra mujer para mi hijo.

(Se va. Se oye un gran coro lejano cantado por los romeros. Yerma se dirige hacia el carro y aparece por detrás del mismo su marido.)

YERMA

¿Estabas ahí?

JUAN

Estaba.

YERMA

¿Acechando?

JUAN

Acechando.

YERMA

¿Y has oído?

JUAN

Sí.

YERMA

¿Y qué? Déjame y vete a los cantos.

(Se sienta en las mantas.)

JUAN

También es hora de que yo hable.

YERMA

¡Habla!

JUAN

Y que me queje.

YERMA

¿Con qué motivos?

JUAN

Que tengo el amargor en la garganta.

YERMA

Y yo en los huesos.

JUAN

Ha llegado el último minuto de resistir este conti-
nuo lamento por cosas oscuras, fuera de la vida, por
cosas que están en el aire.

YERMA

(Con asombro dramático.) ¿Fuera de la vida dice?
En el aire dice.

JUAN

Por cosas que no han pasado y ni tú ni yo diri-
gimos.

YERMA

(Violenta.) ¡Sigue! ¡Sigue!

JUAN

Por cosas que a mí no me importan. ¿Lo oyes? Que a mí no me importan. Ya es necesario que te lo diga. A mí me importa lo que tengo entre las manos. Lo que veo por mis ojos.

YERMA

(Incorporándose de rodillas, desesperada.) Así, así. Eso es lo que yo quería oír de tus labios. No se siente la verdad cuando está dentro de una misma, pero qué grande y cómo grita cuando se pone fuera y levanta los brazos. ¡No le importa! ¡Ya lo he oído!

JUAN

(Acercándose.) Piensa que tenía que pasar así. Oyeme. *(La abraza para incorporarla.)* Muchas mujeres serían felices de llevar tu vida. Sin hijos es la vida más dulce. Yo soy feliz no teniéndolos. No tenemos culpa ninguna.

YERMA

¿Y qué buscabas en mí?

JUAN

A ti misma.

YERMA

(Excitada.) ¡Eso! Buscabas la casa, la tranquilidad y una mujer. Pero nada más. ¿Es verdad lo que digo?

JUAN

Es verdad. Como todos.

YERMA

¿Y lo demás? ¿Y tu hijo?

117

JUAN

(Fuerte.) No oyes que no me importa. ¡No me preguntes más! ¡Que te lo tengo que gritar al oído para que lo sepas, a ver si de una vez vives ya tranquila!

YERMA

¿Y nunca has pensado en él cuando me has visto desearlo?

JUAN

Nunca.

(Están los dos en el suelo.)

YERMA

¿Y no podré esperarlo?

JUAN

No.

YERMA

Ni tú.

JUAN

Ni yo tampoco. ¡Resígnate!

YERMA

¡Marchita!

JUAN

Y a vivir en paz. Uno y otro, con suavidad, con agrado. ¡Abrázame!

(La abraza.)

YERMA

¿Qué buscas?

JUAN

A ti te busco. Con la luna estás hermosa.

YERMA

Me buscas como cuando te quieres comer una paloma.

JUAN

Bésame... así.

YERMA

Eso nunca. Nunca.

(Yerma da un grito y aprieta la garganta de su esposo. Este cae hacia atrás. Le aprieta la garganta hasta matarle. Empieza el coro de la romería.)

Marchita, marchita, pero segura. Ahora sí que lo sé de cierto. Y sola. *(Se levanta. Empieza a llegar gente.)* Voy a descansar sin despertarme sobresaltada para ver si la sangre me anuncia otra sangre nueva. Con el cuerpo seco para siempre. ¿Qué queréis saber? No os acerquéis, porque he matado a mi hijo. ¡Yo misma he matado a mi hijo!

(Acude un grupo que queda al fondo. Se oye el coro de la romería.)

TELON

DISCURSOS Y DECLARACIONES

(1934-1935)

García Lorca en el teatro Español de Madrid, leyendo unas cuartillas con motivo de una representación especial de Yerma. (Del periódico Ahora, 22-2-1935. Cortesía de la Biblioteca Nacional.)

I

DISCURSO
AL DESPEDIRSE DE BUENOS AIRES

Fue la de ayer, en el Avenida, la velada que Lola Membrives y el público de Buenos Aires debían al poeta y dramaturgo granadino Federico García Lorca para pagarle, en parte, las noches de arte que nos brindó en tres inolvidables oportunidades.

El homenaje a Lorca

El cartel de esta fiesta en homenaje y despedida de García Lorca se componía de fragmentos de las obras que, a través de sus magníficas interpretaciones, nos brindó Lola Membrives: la tercera «estampa» de este delicioso y romancesco drama que es Mariana Pineda, *verdadera y coloreada estampa romántica del siglo pasado, que el talento de Lorca animó con música del romancillo popular cantado por frescas voces infantiles; el primer acto de esta exquisita farsa* La zapatera

123

prodigiosa, *que tiene el sentido de los cuentos miliuna-nochescos y la forma ingenua de los clásicos castellanos, la médula de las fábulas eternas y la gracia de las alegorías modernas, y el último cuadro de* Bodas de sangre, *esa recia tragedia en que, más que una madre a quien han asesinado un hijo, más que la tierra andaluza, sufren toda la tierra y todas las madres.*

Aparte de este programa excepcional, muestra representativa del vario e inquieto ingenio de Lorca, que realizó una vez más Lola Membrives y sus compañeros de elenco, la velada tenía el extraordinario interés de que el autor, como prenda de cariño hacia el público que tan franca y espontánea acogida dispensó a su persona y a sus obras, leería dos cuadros de su obra Yerma, *tragedia que en breve será dada a conocer.*

Federico García Lorca, antes de leer dichos cuadros, pronunció un breve discurso que íntegramente transcribimos a continuación.

Helo aquí:

«Señoras y señores:
Hoy yo quisiera que este enorme teatro tuviera la intimidad de una blanca habitación íntima para leer con cierta tranquilidad dos cuadros de la tragedia *Yerma,* que será estrenada en abril por la compañía de mi querida actriz Lola Membrives, y que yo ofrezco como primicia al público de Buenos Aires en modesta prueba de cariño.

Es muy difícil leer teatro en el sitio donde toman vida real los sueños del autor; así, pues, yo he de hacer un esfuerzo expresivo para que llegue a la sala algo del espíritu de la obra y pido también un poco de atención por parte de ustedes.

Voy a leer el primer cuadro de la tragedia, donde se plantea de lleno el asunto, y después el primer cuadro del segundo acto, donde yo desarrollo un coro, recibiendo la luz de normas antiguas pero eternas en el teatro trágico.

No quiero cansar en esta noche, triste para mí, de la despedida de un público al que tanto debo y que me ha dado aliento de modo decisivo. Pero mi familia me está aguardando, y yo, a pesar de ser hombre nuevo, sigo en primer lugar a los viejos afectos de mi corazón.

De todos modos, me cuesta arrancar. «¿Cuándo se va usted?», me preguntan. Y rotundamente contesto: "El seis."

Pasan días, pasan noches y un mes y medio, pero... como dice el viejo romance, "yo permanezco..." Salto del seis al veinte, y al treinta y al uno del mes; ¡nada! Sigo aquí, como me ven ustedes. Y es... que Buenos Aires tiene algo vivo y personal; algo lleno de dramático latido, algo inconfundible y original en medio de sus mil razas que atrae al viajero y lo fascina. Para mí ha sido suave y galán, cachador y lindo, y he de mover por eso un pañuelo oscuro, de donde salga una paloma de misteriosas palabras en el instante de mi despedida.

Ahora vamos a leer. Es la primera vez que lo hago y me sabría mal dar una lata.

¡Gracias a todos y salud!; que no canse.

«Una extraordinaria creación. En el Avenida se tributó un homenaje al poeta granadino Federico García Lorca», *Crítica*, Buenos Aires, 2-III-1934.

DISCURSO A LOS ACTORES MADRILEÑOS

Queridos amigos: Hace tiempo hice firme promesa de rechazar toda clase de homenajes, banquetes o fiestas que se hicieran a mi modesta persona; primero, por entender que cada uno de ellos pone un ladrillo sobre nuestra tumba literaria, y segundo, porque he visto que no hay cosa más desolada que el discurso frío en nuestro honor, ni momento más triste que el aplauso organizado, aunque sea de buena fe.

Además, «esto en secreto», creo que banquetes y pergaminos traen el «mal fario», la mala suerte, sobre el hombre que los recibe; mal fario y mala suerte nacidos de la actitud descansada de los amigos que piensan: «Ya hemos cumplido con él.» Un banquete es una reunión de gente profesional que come con nosotros y donde están, pares o nones, las gentes que nos quieren menos en la vida.

Para los poetas y dramaturgos en vez de homenajes yo organizaría ataques y desafíos, en los cuales se nos dijera gallardamente y con verdadera saña: «¿A que no tienes valor de hacer esto?» «¿A que no eres capaz de expresar la angustia del mar en un personaje?» «¿A que no te atreves a cantar la desesperación de los soldados enemigos de la guerra?» Exigencia y lucha, con un fondo de amor severo, templan el alma del artista, que se afemina y destroza en el fácil halago. Los teatros están llenos de engañosas sirenas coronadas con rosas de invernadero, y el público está satisfecho y aplaude viendo corazones de serrín y diálogos a flor de dientes; pero el poeta dramático no debe olvidar, si quiere salvarse del olvido, los campos de rocas mojados por el amanecer donde sufren los labradores, y ese palomo, herido por un cazador misterioso, que agoniza entre los juncos sin que nadie escuche su gemido.

Huyendo de sirenas, felicitaciones y voces falsas, no he aceptado ningún homenaje con motivo del estreno de *Yerma;* pero he tenido la mayor alegría de mi corta vida de autor al enterarme de que la familia teatral madrileña pedía a la gran Margarita Xirgu, actriz de inmaculada historia artística, lumbrera del teatro español y admirable creadora del papel con la compañía que tan brillantemente la secunda, una representación especial para verla.

Por lo que esto significa de curiosidad y atención para un esfuerzo noble de teatro, doy, ahora que estamos reunidos, las más rendidas, las más verdaderas gracias a todos. Yo no hablo esta noche como autor, ni como poeta, ni como estudiante sencillo del rico panorama de la vida del hombre, sino como ardiente apasionado del teatro y de su acción social. El teatro es uno de los más expresivos y útiles instrumentos para la educación de un país y el barómetro que marca su grandeza o su desmayo. Un teatro sensible y bien orientado en todas sus ramas, desde la tragedia al vodevil, puede cambiar en pocos años la sensibilidad de un

127

pueblo; y un teatro destrozado, donde las pezuñas sustituyen a las alas, puede achabacanar y adormecer a una nación entera. El teatro es una escuela de llanto y de risa, y una tribuna libre donde los hombres pueden poner en evidencia morales viejas o equívocas y explicar con ejemplos vivos normas eternas del corazón y el sentimiento del hombre.

Un pueblo que no ayuda y fomenta su teatro, si no está muerto, está moribundo; como un teatro que no recoge el latido social, el latido histórico, el drama de sus gentes y el color genuino de su paisaje y de su espíritu, con risa o con lágrimas, no tiene derecho a llamarse teatro, sino sala de juego o sitio para hacer esa horrible cosa que se llama «matar el tiempo». No me refiero a nadie ni quiero herir a nadie; no hablo de la actualidad viva, sino de un problema planteado sin solución.

Yo oigo todos los días, queridos amigos, hablar de la crisis del teatro, y siempre pienso que el mal no está delante de nuestros ojos, sino en lo más oscuro de la esencia; no es un mal de flor actual, o sea de obra, sino de profunda raíz, que es, en suma, un mal de organización. Mientras actores y autores estén en manos de empresas absolutamente comerciales, libres y sin control literario ni estatal de ninguna especie, empresas ayunas de todo criterio y sin garantía de ninguna clase, actores, autores y el teatro entero se hundirán cada día más, sin salvación posible.

El delicioso teatro ligero de revista, vodevil y comedia bufa, géneros de los que soy aficionado espectador, podrían defenderse y aun salvarse; pero el teatro en verso, el género histórico, la llamada alta comedia y la espléndida zarzuela hispánica sufrirán cada día más reveses, porque son géneros que exigen mucho y donde caben las innovaciones verdaderas, y no hay autoridad ni espíritu de sacrificio para imponerlas a un público, al que hay que domar con altura y contradecirlo y atacarlo en muchas ocasiones. El teatro se debe imponer al público y no el público al teatro. Para eso autores y actores deben revestirse, a costa de sangre, de gran autoridad; porque el público de teatro es como los niños de las escuelas: adora al maestro grave y austero, que exige y hace justicia, y llena de crueles agujas la silla donde se sientan los maestros tímidos y adulones, que ni enseñan ni dejan enseñar.

Al público se le puede enseñar —conste que digo público, no pueblo—, se le puede enseñar, porque yo he visto patear a Debussy y Ravel hace años y he asistido después a las clamorosas ovaciones que un público popular hacía a las obras antes rechazadas. Estos autores fueron impuestos por un alto criterio de autoridad, superior al del público corriente, como Wedekind en Alemania y Pirandello en Italia, y tantos otros.

Hay necesidad de hacer esto para el bien del teatro y para gloria y jerarquía de los intérpretes. Hay que mantener actitudes dignas, en seguridad de que serán recompensadas con creces. Lo contrario es temblar de miedo detrás de las bambalinas y matar la fantasía, la imaginación y la gracia del teatro, que es siempre, siempre, un arte, y será siempre un arte excelso, aunque haya habido una época en que se llamaba arte a todo lo que no gustaba, para rebajar la atmósfera, para destruir la poesía y hacer de la escena un puerto de arrebatacapas.

Arte por encima de todo. Arte nobilísimo. Y vosotros, queridos actores, artistas por encima de todo. Artistas de pies a cabeza, puesto que por amor y devoción habéis subido al mundo fingido y doloroso de las tablas. Artistas por ocupación y preocupación. Desde el teatro más modesto al más encumbrado se debe escribir la palabra arte en salas y camerinos, porque, si no, vamos a tener que poner la palabra comercio o alguna otra que no me atrevo a decir. Y jerarquía, disciplina y sacrificio y amor.

A través de mi vida, si vivo, espero, queridos actores, que os encontréis conmigo y yo con vosotros. Siempre me hallaréis con el mismo encendido amor al teatro y con la moral artística del ansia de una obra y una escena cada vez mejor. Espero luchar para seguir conservando la independencia que me salva, y para calumnias, horrores y sambenitos que empiecen a colgar sobre mi cuerpo tengo una lluvia de risas de campesino para mi uso particular.

No quiero daros una lección, porque me encuentro en condiciones de recibirlas. Mis palabras las dicta el entusiasmo y la seguridad. No soy un iluso. He pensado mucho y con frialdad lo que pienso, y, como buen andaluz, poseo el secreto de la frialdad, porque tengo sangre antigua. Yo sé que la verdad no la tiene el que dice «hoy, hoy, hoy», comiendo su pan junto a la lumbre, sino el que serenamente mira a lo lejos la primera luz en la alborada del campo.

Yo sé que no tiene razón el que dice «ahora mismo, ahora», con los ojos puestos en las pequeñas fauces de las taquillas, sino el que dice «mañana, mañana», y siente llegar la nueva vida que se cierne sobre el Mundo.

«Una apoteósica fiesta de arte en el teatro Español. Margarita Xirgu ofrece una representación extraordinaria de *Yerma*, el magnífico poema dramático de Lorca, a sus compañeros los artistas de los teatros de Madrid. Texto íntegro de la formidable proclama del joven e ilustre autor dramático», *Heraldo de Madrid,* 2-III-1935.

III

FEDERICO GARCIA LORCA Y LA TRAGEDIA

*Federico García Lorca ha vuelto a la Residencia.
Los altos chopos del canalillo, violines del aire fino
de la Sierra, y las amargas adelfas coloradas le habrán
saludado como a un antiguo conocido. Durante mucho
tiempo el poeta vivió allí sus primeros años juveniles.
Entonces, en la Residencia, mantenían un grupo de pintores y escritores y unos cuantos estudiantes llenos de
inquietudes la encendida llama de su entusiasmo, que
no era sólo alegre afán del bullicio destructivo, sino,
además, ahincado anhelo de orientar una nueva espiri-
tualidad, de formar una nueva cultura.*

*Federico García Lorca, con su intrépido optimismo
y con ese fervoroso y dinámico sentido de la creación
que anima su vida y su obra, centraba esos entusias-
mos y era como el capitán de ese magnífico equipo de
los deportes intelectuales de la Residencia de Estudiantes.*

Ahora, Federico García Lorca, ahíto de triunfos en América y henchido de proyectos, pasa una temporada de fecundo descanso en la Residencia, la Resi, como la llaman los que allí viven y sus amigos. Hemos visitado a nuestro gran poeta, mientras pasea a la sombra de los altos chopos en temblor. Nos cuenta sus triunfos en Buenos Aires.

—Lo que a mí me satisface de ese éxito es que ha sido un triunfo del teatro español. Allí, donde llegan compañías excelentes de todo el mundo, cómo ha gustado *La niña boba,* de Lope, que Fontanals me ayudó a montar espléndidamente, y cómo han recibido público y crítica *Bodas de sangre* y *La zapatera prodigiosa.* Por cierto que el prólogo de *La zapatera* había de recitarlo yo todas las noches con mi chistera verde, de la que salía una paloma. Allí la gente ya no tolera nuestro viejo repertorio teatral. Quieren conocer a nuestros autores jóvenes, y éstos son los que han de dar allí los éxitos, hasta los de dinero, claro está.

—*¿En qué trabaja usted ahora, Lorca?*

—Estoy ensayando con La Barraca. Estamos preparando los programas para las representaciones que hemos de dar en la Universidad de Santander. Es admirable con qué aplicación, qué inteligencia y qué unidad trabajan estos estudiantes. Difícilmente una compañía de profesionales pudiera llegar a los resultados que ellos alcanzan. Y es que además de inteligencia, comprensión, disciplina, ponen un entusiasmo magnífico en su trabajo. No van a ganar un sueldo, sino a hacer arte.

—*¿Es muy cansado su trabajo de director?*

—Es, como todo trabajo que se hace por devoción, alegre. Fatiga, pero con gozo. Y, además, a la vuelta de ensayos y experiencias, yo siento que me voy formando como director de escena, formación difícil y lenta. Estoy animado a aprovechar esa experiencia para hacer muchas cosas.

—¿*No le apartará a usted ese trabajo de su producción literaria?*

—De ninguna manera. Estoy trabajando mucho. Ahora voy a terminar *Yerma,* una segunda tragedia mía. La primera fue *Bodas de sangre. Yerma* será la tragedia de la mujer estéril. El tema, como usted sabe, es clásico. Pero yo quiero que tenga un desarrollo y una intención nuevos. Una tragedia con cuatro personajes principales y coros, como han de ser las tragedias. Hay que volver a la tragedia. Nos obliga a ello la tradición de nuestro teatro dramático. Tiempo habrá de hacer comedias, farsas. Mientras tanto, yo quiero dar al teatro tragedias. *Yerma,* que está acabándose, será la segunda.

—¿*Y contento de esa obra?*

—Contento. Creo que he hecho lo que pretendía hacer. Ya ve usted si es alegría.

—¿*Y el año que viene, Lorca, será, como temen actores y autores, un año funesto para el teatro?*

—De autores y actores depende. Caminos nuevos hay para salvar al teatro. Todo está en atreverse a caminar por ellos.

Federico García Lorca, gran hablador, que habla con tanta fruición que hasta baila su charla, cuenta anécdotas, refiere episodios y pone todo su donaire en burlas y chanzas contra los vicios de nuestro teatro actual.

Y acaba como si fuese todavía el capitán de aquel equipo juvenil de escritores y pintores de la Resi de hace diez años:

—Es nuestra hora. Hay que ser jóvenes y vencer.

El aire de la mañana, fresco de sombra entre los chopos, hace volar las palabras de Federico García Lorca como si fuesen banderas.

(Juan Chabás, *Luz,* Madrid, 3-VII-1934.)

IV

EL POETA FEDERICO GARCIA LORCA ESPERA
PARA EL TEATRO LA LLEGADA DE LA LUZ DE
ARRIBA, DEL PARAISO. EN CUANTO LOS DE
ARRIBA BAJEN AL PATIO DE BUTACAS, TODO
ESTARA RESUELTO.

AQUELLA MARAVILLOSA ÉPOCA DE NUESTROS PADRES

Un cuarto de estudiantes, claro y limpio. Sobre el tablero de la mesa de trabajo, encerradas en una caja de cristal, hasta media docena de mariposas de diferentes tamaños y variados colores, ejemplares preciosos de la selva del Brasil.

—Vino a traérmelas al puerto, a mi paso por Riojaneiro, Alfonso Reyes —me dice Federico García Lorca—. Son de una gran belleza. ¿No es cierto?

Federico García Lorca ha interrumpido el trabajo matinal para obsequiarnos con el regalo de su charla. Aquí sobre la mesa están las cuartillas a medio terminar, con misteriosas claves de tachaduras y llamadas.

—Estoy escribiendo una comedia, en la que pongo toda mi ilusión: *Doña Rosita la soltera, o El lenguaje de las flores.* Diana para familias dividida en cuatro jardines. Será una pieza de dulces ironías, de piadosos

134

trazos de caricatura; comedia burguesa, de tonos suaves, y en ella, diluidas, las gracias y las delicadezas de tiempos pasados y de distintas épocas. Va a sorprender mucho, creo yo, la evocación de estos tiempos, en que los ruiseñores cantaban de verdad y los jardines y las flores tenían un culto de novela. Aquella maravillosa época de la juventud de nuestros padres. Tiempos del polisón; después, las faldas de campánulas y el «cutroví», 1890, 1900, 1910.

Siento la necesidad de la forma dramática

—*Decididamente, usted ha abrazado el teatro —digo al poeta, cantor de los gitanos y de las tierras del Sur con un entusiasmo que la grata lisonja del éxito justifica bien cumplidamente.*

—Yo he abrazado el teatro porque siento la necesidad de la expresión en la forma dramática. Pero por eso no abandono el cultivo de la poesía pura, aunque ésta igual puede estar en la pieza teatral que en el mero poema. Lo que ocurre es que ahora casi no me atrevo a publicar libros de versos. Me invade una enorme pereza y un gran desaliento para seleccionar para su publicación los poemas que escribo. Ahora la Universidad de Granada va a publicar un nuevo libro de poesías mías que se titula *Diván de Tamarit*. Calculo que dentro de este mes quedará lista para el estreno mi tragedia *Yerma*. Los ensayos andan bastante adelantados. Hace falta mucho y muy cuidadoso ensayo para conseguir el ritmo que debe presidir la representación de una obra dramática. Para mí, esto es de lo más importante. Un actor no se puede retrasar un segundo detrás de una puerta. Causa un efecto deplorable un fallo de esta naturaleza. Es como si en la interpretación de una sinfonía surge la melodía o un efecto musical a destiempo. Que la obra empiece, se desarrolle y acabe con arreglo a un ritmo acordado es de lo más difícil de conseguir en el teatro. Margarita Xirgu, que tiene en *Yerma* un papel en el que puede demostrar todas las enormes cualidades de su excepcional temperamento, pone el mayor interés en que este ritmo sea logrado. Lo mismo hacen los actores y actrices que la acompañan.

Sobre el teatro comercial

Del talento de Margarita Xirgu espera mucho Federico García Lorca para el triunfo de su tragedia Yerma.

—Es una mujer extraordinaria y de un raro instinto para apreciar e interpretar la belleza dramática, que sabe encontrarla donde está. Va a buscarla con una generosidad inigualable, haciendo caso omiso de toda consideración que pudiéramos llamar de orden comercial.

—*Nada más convencional que esta suerte de consideración. Ya ve,* Bodas de sangre, *de usted, como obra de arte auténtico que es, seguramente no hubiera sido considerada como suficientemente comercial en nuestros por lo general estúpidos medios teatrales. Sin embargo, su éxito ha dado grandes beneficios y ha llenado teatros en España y en América.*

—Sí, lo otro, lo que se hace con una preocupación exclusivamente comercial muchas veces descabala el fin propuesto.

Una lección de Falla: «Los que tenemos este oficio de la música»

—Las preocupaciones de esta naturaleza —prosigue Federico García Lorca— están bastante lejos de mis afanes. Al terminar cualquiera de mis trabajos, yo no siento más que el orgullo de haber creado una cosa; pero no convencido de que eso es consecuencia de especial mérito personalísimo, sino como el padre a quien le sale un hijo hermoso. Al fin y a la postre, se trata de un don que por raro azar a uno le sobreviene. Yo he aprendido del maestro Falla, que además de un gran artista es un santo, una ejemplar lección. En muchas ocasiones suele decir: «Los que tenemos este oficio de la música.» Estas humildes y magníficas palabras las oyó un día de labios del maestro la pianista Wanda Landowska y le sonaron a herejía. Hay artistas que creen que por el hecho de serlo necesitan medidas especiales para todas sus cosas. «Al artista se le debe permitir todo, etc....» Yo estoy con Falla. La poesía es como un don. Yo hago mi oficio y cumplo con mis obligaciones, sin prisa, porque sobre todo cuando se va a terminar una obra, como si dijéramos cuando se va a poner el tejado, es un placer enorme trabajar poco a poco.

LAS VOCACIONES ARTÍSTICAS Y NUESTRO TIEMPO

—*¿Cree usted que los tiempos actuales son los más propicios para el desarrollo de las vocaciones artísticas e intelectuales?* —*preguntamos.*

—El ambiente de nuestro tiempo aparece muy confuso, pero no tanto para que se pueda uno convencer de que esta confusión no tenga aurora clara. Se percibe que en todo el mundo se pugna para desatar un nudo que ofrece grandes resistencias. De ahí esta oleada social que todo lo anega. En estas circunstancias, el arte ha venido a constituir una preocupación secundaria en el mejor caso, puesto que en otras poquísima gente le presta atención. Vea usted lo que ha ocurrido en Francia con la pintura. Desde el final de la guerra se congregaron en París pléyades de excelentes pintores de todos los países. No ha habido época en pintura como aquella. Ni el Renacimiento italiano puede comparársele. Entre aquellos pintores descollaban los de la escuela española, con Picasso a la cabeza. Se compraban cuadros, tenían una alta categoría social los artistas. De pronto se ha hundido todo. Los pintores gloriosos regresan a sus respectivos países, otros se mueren de hambre. Ha habido algunos que se han suicidado... En cuanto a las vocaciones... Depende esto de la personalidad de quien sienta la vocación. Para pensar y sentir los más nobles ideales de la humanidad, el actual es el gran ambiente. Para crear obra de esa que se ha dado en la flor de llamar pura y desligada de las preocupaciones actuales... El tipo de artista de invernadero se muere por falta de calor y de atención. Necesita calor, necesita la incubadora del halago.

NO HAY DECADENCIA DEL TEATRO

—Digan lo que quieran —añade García Lorca— el teatro no decae. Lo absurdo y lo decadente es su organización. Eso de que un señor, por el mero hecho de disponer de unos millones, se erija en censor de obras y definidor del teatro, es intolerable y vergonzoso. Es una tiranía que, como todas, sólo conduce al desastre.

—*Ese mismo fenómeno se observa en casi todas las actividades de nuestro tiempo. ¿No lo ve usted así?*

Mi interlocutor responde en tono vivo:

—Eso es lo grave de esta situación. «Yo sé poco, yo apenas sé» —me acuerdo de estos versos de Pablo Neruda—, pero en este mundo yo siempre soy y seré partidario de los pobres. Yo siempre seré partidario de los que no tienen nada y hasta la tranquilidad de la nada se les niega. Nosotros —me refiero a los hombres de significación intelectual y educados en el ambiente medio de las clases que podemos llamar acomodadas— estamos llamados al sacrificio. Aceptémoslo. En el mundo ya no luchan fuerzas humanas, sino telúricas. A mí me ponen en una balanza el resultado de esta lucha: aquí, tu dolor y tu sacrificio, y aquí la justicia para todos, aun con la angustia del tránsito hacia un futuro que se presiente pero que se desconoce, y descargo el puño con toda mi fuerza en este último platillo.

Un teatro de nuestro tiempo

—Mi trayectoria en el teatro —dice contestando a una pregunta mía el autor de *Mariana Pineda*—, yo la veo perfectamente clara. Quisiera terminar la trilogía de *Bodas de sangre, Yerma* y *El drama de las hijas de Loth*. Me falta esta última. Después quiero hacer otro tipo de cosas, incluso comedia corriente de los tiempos actuales y llevar al teatro temas y problemas que la gente tiene miedo de abordar. Aquí, lo grave es que las gentes que van al teatro no quieren que se les haga pensar sobre ningún tema moral. Además, van al teatro como a disgusto. Llegan tarde, se van antes de que termine la obra, entran y salen sin respeto alguno. El teatro tiene que ganar, porque no ha perdido autoridad. Los autores han dejado que el público se les suba a las barbas a fuerza de hacerle cosquillas. No, no. Hace falta recobrar la autoridad perdida y poner dignidad artística en los camerinos. Hoy sólo algunos autores viejos tienen esta autoridad. Hay que desterrar de una vez todas esas cantinelas ineptas de que el teatro no es literatura, y tantas otras. No es más ni menos que literatura. Afirmar lo contrario, es como decir que *Doña Francisquita* no es música. Yo espero para el teatro la llegada de la luz de arriba siempre, del paraíso. En cuanto los de arriba bajen al patio de butacas, todo estará resuelto. Lo de la decadencia del teatro a mí me parece una estupidez. Los de arriba son los que no han visto *Otelo* ni *Hamlet,* ni nada, los pobres. Hay millones de hombres que no han visto teatro. ¡Ah! ¡Y cómo saben verlo cuando lo ven! Yo he presenciado en Alicante cómo todo un pueblo se ponía en vilo al presenciar una representación de la cumbre del teatro católico español: *La vida es sueño.* No se diga que no lo sentían. Para entenderlo, las luces todas de la teología son necesarias. Pero para sentirlo, el teatro es el mismo para la señora encopetada como para la criada. No se equivocaba Molière al leer sus cosas a la cocinera. Claro que hay gente irremisiblemente perdida para el teatro. Pero claro, son aquellas «que tienen ojos y no ven, oídos y no oyen». Y patean porque una madre en escena vende a su hija, como ocurrió con *Casa de naipes,* de Ugarte y López Rubio.

(Alardo Prats, *El Sol,* Madrid, 15-XII-1934.)

V

EN LOS UMBRALES DEL ESTRENO DE *YERMA*

[...] *Del brazo del camarada Pérez Ferrero —¡buen heraldo de tu obra, García Lorca!— te he buscado esta noche entre repelucos de invierno y gruñidos de zambomba. Ni lo uno ni lo otro ha detenido mis pasos, que iban hacia ti y que al fin te hallaron en el sótano denso de humo de cigarrillos cordiales, sembrado de cañas de cerveza afectuosa, donde consumes cada día las horas generosas de tu amistad.*

Apretado en espléndida piña de sentimientos y de inteligencia te rodeaban la exuberancia física del gran [Acario] Cotapos, viajero del mundo sin otro equipaje que su magnífico poema sinfónico [Voces de gesta], *que un día llenará sus baúles de túnicas de gloria; Pablo Neruda, el poeta de los* Veinte poemas de amor y una canción desesperada, *cuyos ojos, entornados siempre al espectáculo triste de lo humano, buscan en un punto indeterminado del horizonte destellos de divinidad antes de apurar el último sorbo de cerveza; Isaías Ca-*

bezón, veinte años americanos de talento pictórico; Luis Lacasa y Eduardo Ugarte y Alberto [Sánchez] y [Sáenz de la] Calzada y [Rafael Rodríguez] Rapún y [Alfredo] Romeo y Delia [del Carril], con el juramento de 28 años eternos y las inquietudes de su Club Teatral Anfistora (sic) *, *pasaporte que no hay que renovar nunca porque nunca expira el plazo de su vigencia. Y —se me olvidaba— Amorós, un torero valiente que se emociona al hablar de Sánchez Mejías: luto en el corazón de todos. Allí, entre todos, te encontré a ti, García Lorca. Y me senté a tu lado para que me hablases de* Yerma. *Y tú me dijiste:*

—*Yerma,* cuerpo de tragedia que yo he vestido con ropajes modernos, es, sobre todas las cosas, la imagen de la fecundidad castigada a la esterilidad. Un alma en la que se cebó el Destino señalándola para víctima de lo infecundo. Yo he querido hacer, he hecho, a través de la línea muerta de lo infecundo, el poema vivo de la fecundidad. Y es de ahí, del contraste de lo estéril y lo vivificante, de donde extraigo el perfil trágico de la obra.

—*¿Tres actos?*

—Seis cuadros; los que necesité hacer. Que no pienso yo puedan ponerse límites de medida a una concepción dramática. De estos cuadros, tres, los que corresponden a los interiores, tienen un dramatismo reconcentrado, una emoción silenciosa, como reflejo plástico de un tormento espiritual; los otros tres, al recibir color y ambiente natural, ponen luminarias de luz en el tono oscuro de la tragedia. En éstos no intervienen para nada los protagonistas y solamente actúan verdaderos coros a la manera griega. Estos coros, ya iniciados por mí en *Bodas de sangre* —aunque con la timidez de una primera experiencia—, en el cuadro del despertar de la Novia, adquieren en *Yerma* un desarrollo más intenso, una importancia más relevante.

—*¿Está usted satisfecho de su obra?*

—Tendrá que pasar mucho tiempo antes de que yo pueda contestar honradamente a esta pregunta. Ahora es pronto; estoy empezando el teatro, mi teatro. *Yerma* es mi cuarta obra. Y nada sentiría tanto como que la gente pensara que mi labor teatral culmina en cualquiera de los títulos ya conocidos. Yo sigo mi vida y, con mi vida, mi teatro, al que dedicaré desde hoy lo más sentido de mis afanes poéticos. *Yerma* marca el punto central en la trilogía iniciada hace dos años con *Bodas de sangre,* y que terminaré en *Las hijas de Lot.* Después...

—*Margarita Xirgu...*

—Margarita Xirgu es un caso extraordinario de talento; talento que se impone a la ñoñería actual de nuestro teatro en batallas constantes de inquietudes interpretativas. Con emoción auténtica, con fanatismo de arte, acogió mi obra, y con ternuras maternales va cuidando día a día, en el ritual casi religioso de los ensayos, los detalles más nimios de su puesta en escena. Cada tarde, en la penumbra fría del escenario, me sorprende el arte genial de Margarita con un nuevo matiz, conseguido la noche anterior en el silencio estudioso de sus insomnios... Tendrá en *Yerma* un éxito grande, como siempre, como merece.

Y allí queda García Lorca, como grano ubérrimo de la piña de sentimiento y de inteligencia que le rodea, en el sótano alegre de cerveza, borracho de cordialidad, donde consume cada día las horas generosas de su amistad.

(Alfredo Muñiz, «El poeta del *Romancero gitano* habla de *Yerma,* la obra que interpretará Margarita Xirgu y su compañía el día 29 en el teatro Español», *Heraldo de Madrid,* 26-XII-1934.)

* El periodista confunde a Delia del Carril, unida a Neruda, con Pura Maortua de Ucelay, directora del Club Teatral citado.

VI

ANTES DEL ESTRENO... [ENSAYO GENERAL DE *YERMA]*

[...] *El primer acto de* Yerma *—magnífico teatro y magnífica actriz— se oye en silencio: en un intacto silencio, si así puede decirse. Cada palabra —cada palabra de la comedia, claro— resuena grave y dramática, como si saliera de lo hondo de una caracola (...) Cuando cae el telón, nadie se atreve a aplaudir. Sigue el tremendo silencio —el buen teatro abruma— hasta que Benavente se decide a ponerse en pie para felicitar al autor:*

—Enhorabuena, Federico. Esto me gusta mucho. ¡Lástima que tenga que irme! Pero vendré, vendré al estreno... Le felicito a usted.

—¿De verdad, D. Jacinto?

—Naturalmente. ¿Lo duda?

Lorca se descubre:

—Es que esta noche la obra me parece rematadamente mala. Todo me pesa... Todo me parece hueco.

Claro: esa fatiga de los ensayos anteriores trae la desorientación de ahora.

—No, hombre. No se preocupe...

Don Jacinto —con unos pasitos menudos— se va a dormir [...].

(José Luis Salado, «Antes del estreno. Diálogo con tres barbas ilustres», *La Voz*, Madrid, 29-XII-1934.)

VII

DESPUES DEL ESTRENO DE *YERMA*

Le pregunta un amigo a Federico García Lorca, tras el éxito de Yerma:

—*¿Y ahora, qué?*

García Lorca, con su ceceo granadino, su vivacidad extremada, contesta:

—Ahora, a terminar la trilogía que empezó con *Bodas de Sangre,* sigue con *Yerma* y acabará con *La destrucción de Sodoma*... Sí, ya sé que el título es grave y comprometedor: pero sigo mi ruta. ¿Audacia? Puede ser, pero para hacer el «pastiche» quedan otros muchos. Yo soy un poeta, y no he de apartarme de la misión que he emprendido.

—*¿Muy atrasada esta nueva obra, Federico? —sigue preguntando el amigo.*

—No. ¡Avanzadísima! *La destrucción de Sodoma* está casi hecha. Y me parece que a los que les han gustado estas últimas obras mías la futura no va a defraudarlos.

—*¿Ya nada más?*

—¿Cómo que nada más? Una obra en la que he puesto mi mejor sentido: *Doña Rosita la soltera, o El lenguaje de las flores,* drama familiar en cuatro jardines. Se trata de la línea trágica de nuestra vida social: las españolas que se quedaban solteras. El drama empieza en 1890, sigue en 1900 y acaba en 1910. Recojo toda la tragedia de la cursilería española y provinciana, que es algo que hará reír a nuestras jóvenes generaciones; pero que es de un hondo dramatismo social, porque refleja lo que era la clase media.

Y García Lorca no dice más.

(«Revista de espectáculos», *El Sol,* Madrid, 1-I-1935.)

VIII

FEDERICO GARCIA LORCA, EL POETA QUE NO SE QUIERE ENCADENAR

Tomando el ascensor para subir a la casa del poeta García Lorca nos encontramos con un señor de unos sesenta años, risueño, envuelto sencillamente en su capa de buen padre español, un poco «chapado a la antigua».

—¿Va usted a casa? —me pregunta amablemente.

«¿Quién será?» Pienso que el maestro Chueca debió de ser un señor así. Aire sainetero de la buena escuela o de compositor de fines de siglo.

—¿Va usted a casa?

—Voy a casa del poeta García Lorca.

—Es mi hijo. Suba usted. Ahora estará levantándose de dormir. Ya usted ve: a la hora de comer. Pero es que trabaja hasta muy tarde.

* * *

Entramos en la casa. Un largo pasillo. Un gabinete amueblado con la misma sencillez que hay en la per-

*sona del cabeza de familia, e incluso con cierta inti-
midad provincial. Un retrato de abuela ocupa lugar
preferente. Podíamos estar en la casa del señor García
allá en Granada, el señor García que tiene un hijo es-
tudiando en Madrid y del que los periódicos empiezan
a hablar como de un poeta llamado a realizar grandes
cosas.*

*En esta apacibilidad doméstica resalta un retrato a
pluma de Lorca, hecho el año 1924, moderno, estili-
zado. Y una nota exótica: grandes mariposas del tró-
pico en un estuche de cristal.*

—¿Qué mira usted? —nos dice el poeta restregán-
dose los ojos todavía—. Es un recuerdo de mi último
viaje a América. ¿Bonito, verdad?

—*Magníficas.*

—Nos iremos a comer por ahí, ¿no es eso?

—*Eso.*

—Estoy despertando todavía. Anoche me puse a trabajar a la una, al volver a casa. Escribí hasta muy
tarde.

—*¿A qué hora acostumbra usted trabajar?*

—A todas. Si me pusiera estaría todo el día escribiendo; pero no quiero encadenarme. Quiero trabajar
como hasta ahora. Como un hijo de familia que no tiene que preocuparse de ganar dinero con la literatura y
que escribe cuando quiere y lo que quiere. Con nada
les pagaré a mis padres este bien que me han hecho.

—*Sin embargo, usted gana ya, ha ganado mucho
ya con sus obras. Del* Romancero gitano *se han hecho
ya muchas ediciones.* Bodas de sangre *y* La zapatera
prodigiosa *las ha representado Lola Membrives en América centenares de noches.* Yerma *es en Madrid la obra
de esta temporada...*

—Pues ni el éxito me hará encadenarme —responde Lorca—. Trabajaré siempre como hasta aquí desin-
teresadamente. Para satisfacción íntima. Hay que tener

presente a San Francisco: «No trabajar por amor al dinero; destilar la sensualidad en sensibilidad; ser obediente»; o sea, ser sincero consigo mismo.

*

Hemos llegado a un restaurante. El poeta quiere una minuta sencilla, un plato lo más casero posible. No bebe vino.

—Amo en todo la sencillez —nos dice—. Este modo de ser sencillo lo aprendí en mi infancia, allá en el pueblo. Porque yo no nací en Granada, sino en un pueblo llamado Fuente Vaqueros.

—*¿Cuántos años hace de eso?*

—Fue el año 1900. Toda mi infancia es pueblo. Pastores, campos, cielo, soledad. Sencillez en suma. Yo me sorprendo mucho cuando creen que esas cosas que hay en mis obras son atrevimientos míos, audacias de poeta. No. Son detalles auténticos, que a mucha gente le parecen raros porque es raro también acercarse a la vida con esta actitud tan simple y tan poco practicada: ver y oír; ¡una cosa tan fácil! ¿Eh?

Ríe toda la cara infantil de Lorca. Fuerte, moreno, carilleno, de negras cejas alborotadas, parece —lo diré con un símil de su campo andaluz— un torete plantado alegremente en medio del paisaje.

—*¿Qué cree usted que tiene más fuerza en su temperamento: lo lírico o lo dramático? —pregunto.*

—Lo dramático, sin duda ninguna. A mí me interesa más la gente que habita el paisaje que el paisaje mismo. Yo puedo estarme contemplando una sierra durante un cuarto de hora. Pero en seguida corro a hablar con el pastor o el leñador de esa sierra. Luego, al escribir, recuerda uno estos diálogos y surge la expresión popular auténtica. Yo tengo un gran archivo en los recuerdos de mi niñez; de oír hablar a la gente. Es la

150

memoria poética, y a ella me atengo. Por lo demás, los credos, las escuelas estéticas, no me preocupan. No tengo ningún interés en ser antiguo o moderno, sino ser yo, natural. Sé muy bien cómo se hace el teatro semiintelectual; pero eso no tiene importancia. En nuestra época, el poeta ha de abrirse las venas para los demás.

Por eso yo, aparte las razones que antes le decía, me he entregado a lo dramático, que nos permite un contacto más directo con las masas.

*

—*Diga usted, García Lorca, ¿usted tiene la impresión de que su forma literaria actual es ya su expresión definitiva?*

—No. ¡Qué disparate! Yo todas las mañanas me olvido de lo que he escrito. Es el secreto de ser modesto y de trabajar con coraje. A veces, cuando veo lo que pasa en el mundo, me pregunto: «¿Para qué escribo?» Pero hay que trabajar, trabajar. Trabajar y ayudar al que lo merece. Trabajar como una forma de protesta. Porque el impulso de uno sería gritar todos los días al despertar en un mundo lleno de injusticias y miserias de todo orden. ¡Protesto! ¡Protesto! ¡Protesto!

Hace una pausa y añade:

—Por lo demás, tengo en proyecto varios dramas de tipo humano y social. Uno de esos dramas será contra la guerra. Estas obras tienen una materia distinta a la de *Yerma* o *Bodas de sangre,* por ejemplo, y hay que tratarlas con distinta técnica también.

—*¿Qué le parece a usted la obra poética de Alberti en su nueva modalidad proletaria?*

—Alberti es una gran figura. Yo sé que es sincera su poesía actual. Aparte de la admiración que siempre sentí por el poeta, ahora me inspira un gran respeto.

*

Salimos a la calle. Las tres de la tarde. Frío y sol. Hileras de viejos se pegan al sol de los muros.

—*Usted, Lorca, que viene de América, ¿qué impresión trae de la gente?*

—Encontré que hay un gran público ávido de teatro. Un público admirablemente respetuoso. Asistí al estreno de una obra traducida por Pablo Suero, el crítico de *Noticias Gráficas,* que este público de gente ñoña e hipócrita que se las da de moralista entre nosotros no la hubiera dejado pasar de la segunda escena.

—*¿Y el paisaje?*

—Lo más melancólico del mundo es la pampa. Lo más traspasado de silencio.

—*¿Ha escrito usted durante el viaje?*

—Siempre. Los versos los anoto en cualquier momento. Ahora voy a publicar dos libros de versos: *Llanto por Ignacio Sánchez Mejías* y un tomo donde recogeré unos trescientos poemas titulado *Introducción a la muerte.*

—*¿Lee usted mucho?*

—Por temporadas. Tuve épocas de leerme dos libros diarios. Lo hacía ya como una gimnasia intelectual.

—*¿Buena memoria?*

—Tan buena como mi vida. Sólo tengo mala memoria para una cosa: para los pequeños ataques. El que quiera hacerme daño pierde el tiempo, porque esas cosas las olvido en seguida. Una sana risa para todo. Mire usted: cuando yo estrené mi primera obra, *El maleficio de la Mariposa,* con ilustraciones musicales de Debussy y decoraciones de Barradas, me dieron un pateo enorme, ¡enorme!

—¿Se ríe usted ahora?

—Y entonces. Ya entonces tenía esta risa. Mejor dicho, esta risa de hoy es mi risa de ayer, mi risa de infancia y de campo, mi risa silvestre, que yo defenderé siempre, siempre, hasta que me muera.

(«Proel» [Angel Lázaro], «Galería. Federico García Lorca, el poeta que no se quiere encadenar. Infancia de campo. El paisaje y el hombre. El teatro semiintelectual. América. Obra en proyecto. Una risa para todo», *La Voz*, Madrid, 18-II-1935.)

IX

FEDERICO GARCIA LORCA Y EL TEATRO DE HOY

En la mañana azul, diáfana, de este abril madrileño, calle de Alcalá, arriba, reportero y fotógrafo. García Lorca es, contra su querer, inabordable. Tragedia del hombre cuyos minutos no le pertenecen (una reunión aquí, una comida allí...) La aprehensión reporteril ha de ser temprana. Zapata —el fotógrafo— y yo hemos cogido a Federico recién levantado. Ha sido del todo cordial la acogida. García Lorca es siempre la cordialidad misma. Fina, insuperable cordialidad andaluza. Alegría de la vega granadina —vega de su nacer— en el alma joven del joven poeta. Rodeado de libros y de cuadros en una estancia toda luz, el autor de Yerma se siente feliz.

—No hay casa más alegre que ésta. Por todas partes, luz, mucha luz... Ni una sola habitación interior... Todas dan a una calle. A Alcalá, las unas; a Narváez, las otras... ¡Cuánta y qué maravillosa luz!

Siente García Lorca un fervor goethiano por la luz.
A plena luz de primavera, sus horas son delicia cons-
tante. También alegra su día la radio.

—Me paso escuchando la radio casi todo el día. La
luz y la radio me encantan. Y noto a este propósito la
falta de una sección periodística dedicada a la crítica
de radio, un enjuiciamiento cotidiano de los programas
de la «radio»... Sí, sí... Debieran crear esa sección los
diarios... Sería de un interés indudable... Bueno, Nicolás, ¿qué preguntas me traes?

Y el autor del Romanceno gitano *—llama viva en*
hogueras eternas de poesía y arte— se ha consagrado
al reportaje. Seis interrogaciones del periodista. Fede-
rico García Lorca, «moreno de luna verde», ha dado
estas seis enjundiosas respuestas:

I.—*¿Qué características esenciales aprecias tú en el*
nuevo teatro?

—El problema de la novedad del teatro está enlaza-
do en gran parte a la plástica. La mitad del espectáculo depende del ritmo, del color, de la escenografía...
Creo que no hay, en realidad, ni teatro viejo ni teatro
nuevo, sino teatro bueno y teatro malo. Es nuevo verdaderamente el teatro de propaganda —nuevo por su
contenido. En lo concerniente a forma, a forma nueva,
es el director de escena quien puede conseguir esa novedad, si tiene habilidad interpretativa. Una obra antigua bien interpretada, inmejorablemente decorada, puede ofrecer toda una sensación de nuevo teatro. *Don
Juan Tenorio* es lo más nuevo que a mí se me ocurre,
lo que haría si me lo encargaran. El teatro viene del
Romanticismo al naturalismo y al modernismo (teatro
pequeño de experiencia y arte), para caer siempre en el
teatro poético y de gran masa de público, el «teatro-
teatro», el teatro vivo... Cada teatro seguirá siendo teatro andando al ritmo de la época, recogiendo las emo-

ciones, los dolores, las luchas, los dramas de esa época...
El teatro ha de recoger el drama total de la vida actual.
Un teatro pasado, nutrido sólo con la fantasía, no es
teatro. Es preciso que apasione, como el clásico —re-
ceptor del latido de toda una época—. En el teatro español actual no observo ninguna característica. Sólo pueden contarse cuatro o cinco productores. Y avanza un
tropel de gente, imitándolos, peor casi siempre, naturalmente. Hay una gran crisis actual de autores, no de
público. No llegan a interesar los autores, no...

II.—*¿Qué consideraciones te sugiere la escena española actual comparada con la clásica del Siglo de Oro?*

*Federico ha hecho un gesto significativo. Sonriendo
—cordial, irónicamente— ha contestado:*

—Vamos a callarnos...

III.—*Tu calidad de poeta dramático, ¿qué te permite decir sobre la poesía en el teatro?*

—El teatro que ha perdurado siempre es el de los
poetas. Siempre ha estado el teatro en manos de los
poetas. No es —claro— el poeta lírico, sino el poeta
dramático. La poesía en España es un fenómeno de
siempre en este aspecto. La gente está acostumbrada al
teatro poético en verso. Si el autor es un versificador,
no ya un poeta, el público le guarda cierto respeto. Tiene respeto al verso en teatro. El verso no quiere decir
poesía en el teatro. Don Carlos Arniches es más poeta
que casi todos los que escriben teatro en verso actualmente.

No puede haber teatro sin ambiente poético, sin in-
vención... Fantasía hay en el sainete más pequeño de
don Carlos Arniches... La obra de éxito perdurable ha
sido la de un poeta, y hay mil obras escritas en versos
muy bien escritos, que están amortajados en sus fosas.

IV.—*¿Quedan supervivencias del siglo XIX en nuestro actual teatro?*

—Ya, ninguna. Tal vez, algo melodramático. De los autores malos de melodramas hay cierta influencia quizás sobre los actuales... Pero del teatro romántico no queda nada. Y ésa es la desgracia de la escena española. ¡Ha sido una reacción tan grande contra el Romanticismo!... El naturalismo y el modernismo han limpiado todo germen romántico. Por eso los versos que hoy se recitan son de diente para fuera. Se dice: «¡Qué bien riman, qué bien suenan!...», pero nadie llora, nadie siente lágrimas en los ojos, como se sienten cuando habla Zorrilla. Teatro poético, teatro romántico, el de Zorrilla. ¡Qué *Sancho García!* ¡Qué *Tenorio!*... Ni rastro queda ya de aquello... De Adelardo López de Ayala no sé si quedará algo.

V.—*¿Cuál es la situación de nuestro teatro en cuanto a expansión internacional?*

—Imagínate... ¡Con tantos países de habla hispana! Tiene siempre nuestro teatro en esos países un público enorme, un gran público ahora mismo que no puede soñar nadie, como no sea un inglés. Cuenta el teatro español allí con la asistencia unánime de las grandes urbes. Un estreno mío en Buenos Aires lo aguardo con el mismo interés que en Madrid. Y no importa nada estrenar antes una obra en Buenos Aires. O en Méjico. Se siente allí absolutamente el teatro español, porque está escrito en lengua española y le es familiar, porque tiene sentimiento español en el idioma. El espíritu del idioma es lo que brilla. La traducción, por bella que sea, destroza el espíritu del idioma, hágala quien la haga. Es inútil... Tiene todo eso; figúrate. Interesa ahora mismo en todas partes. Interesa el que viene. Porque hay una gran reacción de minorías selectas interesadas en la poesía española, principalmente en Europa. Esas minorías selectas de Europa se han percatado de que hay un grupo de poetas de enorme interés en España. Y a través de esto empieza a interesar el teatro, lo de tipo más universal. A don Carlos Arniches no es posible traducirle con toda su gracia, aunque sea universal su tema.

VI.—*Sexta y última pregunta, Federico, dedicada a ti toda: ¿Cuál es «tu día», cómo se desarrolla tu labor, qué obras tuyas prefieres?*

—En mi vida cada día es distinto. Trabajo bastante. Tengo ahora muchas cosas entre manos. En escribir tardo mucho. Me paso tres y cuatro años pensando una obra de teatro y luego la escribo en quince días. No soy yo el autor que puede salvar a una compañía, por muy grandes éxitos que tenga. Cinco años tardé en hacer *Bodas de sangre;* tres invertí en *Yerma*... De la realidad son fruto las dos obras. Reales son sus figuras; rigurosamente auténtico el tema de cada una de ellas... Primero, notas, observaciones tomadas de la vida misma, del periódico a veces... Luego, un pensar en torno al asunto. Un pensar largo, constante, enjundioso. Y, por último, el traslado definitivo; de la mente a la escena... No puedo indicar preferencias entre mis obras estrenadas. Estoy enamorado de las que no tengo escritas todavía.

Ha tirado unas placas Zapata. Después la despedida.

—*Muy agradecido, Federico.*

—Con mucho gusto al servicio de *Escena*. Que sea una vida próspera la suya es lo que sinceramente deseo.

Y el gran poeta andaluz —poesía eterna de Granada la suya— nos estrecha cordialmente la mano.

(Nicolás González-Deleito, «Federico García Lorca y el teatro de hoy. La poesía dramática como obra perdurable. Romanticismo, naturalismo, modernismo... El autor de *Yerma* y el teatro romántico. Un día siempre nuevo en una vida de renovación», *Escena,* Madrid, mayo, 1935.)

X

[ANTE EL EXITO DE *YERMA* EN MADRID]

Hablamos con el poeta García Lorca. No limitan nuestras miradas los muros de un escritorio cualquiera, ni los edificios de las calles ciudadanas. Estamos en pleno campo frente a las pequeñas montañas albeantes del Guadarrama; entre la verdura embriagadora de los pinos del Parque del Oeste, frente al cielo límpido, altísimo, infinito de Castilla.

—Ningún cielo como este de su España —le digo—. [...]

García Lorca me escucha amablemente. Es la primera vez que le encuentro silencioso; pensativo. Es verdaderamente extraño. Siempre que estuve con él, ya sea a solas, o con amigos, hablaba brillante e inconteniblemente. Y su palabra llegaba a regocijar como una combinación feliz de bengalas y de fuegos artificiales.

Le hemos oído hablar de América Latina, como se habla de una mujer bonita y generosa que nos dio su amor y sus encantos. Y su voz tenía el empuje del

viento sudamericano entre las cordilleras de los An-
des, o la orquestación multitudinaria de sus grandes
ciudades: Montevideo, Santiago de Chile, Buenos Ai-
res, Río de Janeiro; hemos gozado intensamente al oír-
le recitar poemas suyos, ágiles, briosos como corceles
o como toros andaluces, polícromos y encendidos. Aho-
ra, ya lo veis, soy yo el que monopoliza la palabra que
afluye, incontenible, a mis labios. Tendría para hablar
horas enteras. Pero no se trata de eso. Se trata de que
oigáis a García Lorca […].

Le hablo de Yerma, *de su última obra, que ha ve-*
nido a ser un acontecimiento artístico de nuestro teatro.

—¿*Está usted satisfecho del éxito de* Yerma?

—A mí no me satisfacen nunca los éxitos. Los éxitos suelen ser casi siempre halagos momentáneos de
la suerte, que pueden obedecer a motivos extraños al
valor intrínseco de la obra dada. Muchos hombres gloriosos, que dejaron grandes obras para la Humanidad,
no conocieron durante sus vidas las lisonjas del éxito;
en cambio, abundan los personajes que pasaron y pasan por este mundo saltando y bailando entre fiestas
de éxitos, y cuyas obras bajan a la tumba y al olvido
junto con ellos, o antes tal vez. Yo preferiría, créame
usted, pertenecer a la categoría de los primeros.

—*Es verdad* —le digo—. *Pero no me negará que*
hay éxitos perfectamente diferenciables. Hay la obra de
arte, en general, que está hecha exclusivamente para
divertir al público, sea en la forma que fuere, y para
lubrificar al artista que no ve en aquél más que una
materia hecha y explotable...

Estas obras conocen lo que se llama generalmente el
éxito, es decir, las representaciones interminables, los
elogios de los amigos, el hombre de la prensa, etc. Hay
otras obras, en cambio, que además de tener todas las
calidades del arte noble (noble, no quiero decir puro)
poseen un sentido pedagógico altamente humano, que

no va solamente a divertir, sino también a renovar, a oxigenar, a enseñar nuevas formas del arte y de la vida. Si esas obras llegan a interesar, a atraer un público que va más allá de las esferas estrictamente intelectuales y artísticas en el tiempo mismo en que son creadas, entonces puede decirse también que han tenido éxito y que han comenzado a cumplir su destino. Creo, sinceramente, que este es el caso de Yerma.

—Alguna vez he expresado públicamente ese mismo pensamiento. Mirados desde ese mismo punto de vista los hechos, usted sabe muy bien que tengo algunos motivos para estar enteramente satisfecho. La prensa más inteligente y avanzada de España ha dicho lo mejor [a] que puede aspirar un artista. La representación dedicada a los artistas de Madrid fue para mí una fiesta maravillosa de arte y de confraternidad, que nunca olvidaré. A ella contribuyeron, no hay que olvidarlo, los esfuerzos de la genial Margarita Xirgu y otros artistas y escritores, para quienes mi gratitud será imperecedera.

—*Me gustaría saber si cree usted en la rehabilitación del teatro español contemporáneo, pues todo hombre medianamente cultivado sabe la penuria lamentable en que están hundidos nuestros dramaturgos, cuya falta de alientos creadores se pone tan de manifiesto cada vez que presenciamos la representación de esos magníficos genios del teatro español del siglo XVII; de* Fuenteovejuna, *por ejemplo, esa genial creación de la inteligencia humana.*

—Creo y espero fervorosamente ese reflorecimiento de nuestro arte teatral. Creo que este es, sobre todo, un problema de buena voluntad, de honradez, de energía y de educación. Inteligencia y capacidad artística nos sobran... Nuestros tiempos de renovación están preñados de esperanza.

Se anuncian días nuevos. Y hacia las nuevas auroras que se levantan por todos los horizontes del mundo han mirado ya los mejores espíritus. Ellos podrán elaborar los nuevos elementos que la vida les suministre. Sé con toda certidumbre que nuestro arte, en armonía con el arte mundial, brillará más esplendorosamente que jamás.

Ha comenzado a soplar un viento frío y penetrante en el que se sienten los dedos de las nieves del Guadarrama. Es hora de volver a la ciudad. El reportaje pone su punto final.

(Armando Bazán, «Con el poeta García Lorca en Madrid», *Todos*, I, 1, Castellón, mayo de 1935.)

XI

GARCIA LORCA EN LA PLAZA DE CATALUÑA

Sí. La terraza de la «Maison [Dorée]» se ha llena-do de acento granadino. Federico García Lorca —ros-tro aniñado, ademanes suaves, palabras vivas— nos lo ha traído desde el Sur, apenas desvirtuado por la me-seta. García Lorca es, ante todo, andaluz. De esa re-gión que Diego Ruiz definió «barro de España». García Lorca tiene los ojos y los pies de andaluz legítimo. Y la gracia espontánea. Y el tono zumbón. En esta ter-tulia improvisada en la Plaza de Cataluña, junto a las «eses» catalanas y frente a los despachos bancarios, García Lorca desparrama «zedas» y habla de versos, de coplas, de toros, de «cante jondo» y de gitanos cetri-nos —esfinges de bronce y sueño que adoran a la luna vestida con su polisón de nardos. Se habla de andalu-cismo. Alguien establece los grados, desde el maestro Falla a Fernando de los Ríos. Cuenta el autor de Yer-ma *que de su poema elegíaco dedicado a la muerte de*

Sánchez Mejías aparecerá en breve la versión francesa. Hay quien pregunta:

—¿Prepara usted algo en poesía?

—Sí. Este título: *Un poeta en Nueva York.* Versos... Tengo en cartera tres libros más.

—*Me gustaría conocer su opinión sobre* Yerma. *Ya sabe usted la expectación que en Barcelona ha despertado su obra.*

—*Yerma* es una tragedia. He procurado guardar fidelidad a los cánones. La parte fundamental —claro— reside en los coros, que subrayan la acción de los protagonistas. No hay argumento en *Yerma.* Yo he querido hacer eso: una tragedia: una tragedia, pura y simplemente.

—*¿Qué es lo que más le interesa en estos momentos?*

—Llevar al cine cuanto se relaciona con la lidia, con el toro de lidia. No el acto de la lidia, no. El ambiente: coplas, bailables, leyendas...

—*¿Hace alguna obra teatral?*

—En efecto. Estoy trabajando en otra tragedia. Una tragedia política...

(«El teatro al día. Para el entreacto. La nueva obra escénica de García Lorca será una tragedia política. García Lorca en la Plaza de Cataluña», *El Día Gráfico,* Barcelona, 17-IX-1935.)

XII

L'ESTRENA D'AVUI AL BARCELONA. GARCIA LORCA PARLA DE *YERMA*

García Lorca em prohibí que anés als assaigs de *Yerma*.

—Vull —em digué—, que la vostra sorpresa o la vostra il·lusió sigui completa.

A desgrat de la prohibició, no he pogut contenir-me i he intentat presenciar un assaig de l'obra de García Lorca.

Però, en arribar al teatre Barcelona, l'assaig està ja a les acaballes...

Dalt de l'escenari, els artistes de la companyia de Margarida Xirgu caminen agrupats, formant una mena de romeria, i mentre uns aixequen i mouen els braços enlaire, altres fan drigar uns cascabells o repiquen de mans, com en una zambra gitana.

Es un quadre d'une plasticitat obsessionant.

Jo recordo només, de semblant, unes escenes de la revista negra que els Black Birds interpretaren a París fa uns deu anys.

García Lorca, al costat dels artistes, és un actor més, cantant també, i agitant els braços.

—Meravellós, meravellós! —exclama—. Surt millor que a Madrid. Hem pogut, ací, posar atenció en molts detalls que ens havien passat desapercebuts. Aquesta escena i la de les bugaderes resulten une cosa excepcional.

—*El que és excepcional* —replico jo—, *és l'entusiasme i la fe amb què treballa aquesta gent.*

Vicenç, l'administrador del teatre, afegeix:

—*Us asseguro que no és un cas que es repeteixi sovint.*

—*Gairebé mai* —salta Màrius, el company de Vicenç—. *De vegades haig de fugir dels assaigs per no contemplar la desgana amb què treballen els còmics.*

Tothom està satisfet...

El telèfon, al vestíbul, funciona constantment:

—*Ha d'ésser rengle disset, Senyora. Més tart és difícil que trobeu res.*

García Lorca dona unes darreres instruccions.

—Vós ací? —exclama en veure'm.

—Perdoneu... No he vist res —responc sincerament—. He vingut perquè em digueu, abans de l'estrena, unes paraules sobre *Yerma.*

—*Yerma* és una tragèdia. Una tragèdia de debò. Des de les primeres escenes, el públic s'adona que passarà quelcom de grandiós.

—*Què passa?*

—Què passa? *Yerma* no té argument. *Yerma* és un caràcter que es va desenvolupant en el transcurs dels sis quadres de què consta l'obra. Tal com convé en una tragèdia, he introduit a *Yerma* uns cors que comenten els fets, o el tema de la tragèdia, que és constantment el mateix. Fixeu-vos que dic: tema. Repeteixo que *Yerma,* d'argument no en té. En molts moments, el públic li semblarà que n'hi ha, pero és un petit engany... Ah! Els actors no parlen amb naturalitat. Res de naturalitat. Algú pother ho censurarà... Si la censura es produís, consti que jo sóc el responsable, l'únic responsable.

García Lorca somriu...

—Una tragèdia autèntica!... *Yerma* vull creure que és quelcom de nou tot i ésser la tragèdia un gènere antic. Davant de *Yerma* que hauran desaparegut vint o trenta anys de «teatre d'art».

—*Per fortuna! Ja fa temps que en sentir parlar de «teatre d'art» toco ferro de seguida.*

(Joan Tomás, *La Publicitat,* Barcelona, 17-IX-1935.)

XIII

[EL ESTRENO DE *YERMA* EN BARCELONA]

Els que no hi varen anar

   Margarida Xirgu està assolint al teatre Barcelona un èxit triomfal.
   La nit del seu debut fou, veritablement, una vetllada memorable.
   El públic omplia el teatre de gom a gom. No hi havia lloc per a una agulla.
   Es a dir...
   Tres llotges estaven buides. Dues, corresponien a dues autoritats. La tercera era la del proceni de pati de mà dreta, que ocupen habitualment el marquès d'Alella i altres aristòcrates.

Com en el futbol

   Amb l'estrena de Yerma *es repetí el ple i l'entusiasme del dia del debut.*

Potser hi va acudir més gent.

Al carrer, davant la porta, mitja hora abans de començar, més de mil persones, que no havien reexit a tenir entrada o localitat, volien entrar a la força.

La policia es veié obligada a fer rotllo.

La gent cridava...

—He vigut de Lleida expressament i entraré a veure Yerma costi el que costi! —assegurava una dona.

—Aquesta obra —replicava una altra— l'hem de defensar els catalans!

L'autor de Yerma, satisfet, contemplava aquella lluita.

—Això convé —declarava—: que hi hagi passió per al teatre. Cal que, com ocorre en aquests moments, es baralli i discuteixi la gent com en un partit de futbol.

Els germans Quinteroenecherrea

García Lorca, l'autor de Yerma, és, segons la seva confessió que el company Tomàs reportava la setmana darrera, cent per cent andalús.

—Com Falla, com tots aquells pobres obrers dels camps de Jerez i Granada —diu ell.

—Y els Quintero? —insinuà l'altra tarda un amic—. Són andalusos en un mig per cent?

—Ni això; —contestà García Lorca.

Mostres d'astorament.

—Però, que no ho sabeu? —continuà—. Els Quintero són bascos. Es diuen Quinteroenecherrea i varen néixer a Fuenterrabía.

García Lorca ho explica:

—Els Quintero tenen una casa a Fuenterrabía, que és una població que gairebé pot dir-se que pertany a França, i una altra a l'Escorial, davant mateix del *Pudridero*. Us imagineu un andalús fent-se construir una casa davant d'un cementiri? Impossible!

—Jo sempre havia cregut, doncs, que els Quintero eren de Utrera.

—No, no; els van batejar allí, això sí. Els va batejar un capellà *réprobo*.

I García Lorca, contant això, vinga riure!

Els Quintero no tenen per ell cap simpatia, evidentment.

De «Pedro Domecq» a la «Vídua Clicquot»

La distingida escriptora alemanya que viu entre nosaltres, Etta Federn-Kohlhaas, està preparant una traducció completa del Romancero gitano de García Lorca. En un dels romanços, va trobar els versos següents:

> detrás va Pedro Domecq
> con tres sultanes de Persia.

Ara bé, a Alemanya ningú no sap qui és Pedro Domecq, ni coneixen la seva marca. Així, doncs, la senyora Federn-Kohlhaas va posar, en alemany:

> darrera ve... la vídua Clicquot
> amb tres sultans de Pèrsia.

En diferentes penyes literàries es discutia molt aquesta versió que molts jutjaven improcedent. Un amic en va assabentar el mateix Lorca, el qual —contràriament al que s'esperava, exclamà:

—Hombre, no está mal. ¡Tiene muchísima gracia!

Un duro abandonat

Enmig del silenci amb què el públic escoltava Yerma, es sentí, tot d'una, caure un duro a un senyor del pati de butaques.

170

—Xiiit!

—Fora!

El duro li havia caigut al pintor Pruna. El xicot estava atordit.

—Emocionat —explicaba després—, vaig voler treu-re'm el mocador de la butxaca per a eixugar-me unes llàgrimes. Fou aleshores, vatua el món, que em caigué el duro.

I afegí:

—Ah! Però ja em coneixeu, consti que no el vaig collir!

Cambó s'excusa

Margarida Xirgu va rebre al Barcelona un ram de flors amb una carta d'En Cambó.

La carta, molt amable, era d'excusa.

Margarida Xirgu havia observat que, després del 6 d'octubre, En Cambó, per dues vegades, no l'havia saludada, en topar-lo al Retiro de Madrid.

N'estava justament ressentida i ho digué a una amiga seva.

L'amiga ho comunicà al líder regionalista.

«Si en alguna ocasió passo pel vostre costat i, per no veure-us, no us dic res, us prego —deia En Cambó en la lletra— que em feu un crit o em tireu una pedra. Tot, menys creure que no vull saludar una dona cum vós.»

Consideració

Pocs dies després del 6 d'octubre Margarida Xirgu va ésser pregada de representar Ifigènia a les ruïnes d'Empúries.

La illustre actriu va respondre:

—*Con voleu que faci la* Ifigènia *estant empresonat
al* Barco *el senyor Bosch Gimpera? Si a mi en plauria
fer-la només perquè ell m'hi veiés...*

(Anónimo, *Mirador,* Barcelona, 26-IX-1935.)

XIV

[SOBRE EL EXITO DE *YERMA* EN BARCELONA]

García Lorca está —y es natural— satisfecho por el éxito triunfal de su obra Yerma. *No le pesa más que ese agobio de la gloria que supone salir todos los días a escena.*

Y ha hecho una frase:

—Los autores hemos de pagar tributo al éxito, saliendo a tomar el «baño de ola» de los aplausos.

(Anónimo, *La Noche,* Barcelona, 26-IX-1935.)

XV

D'UNA CONVERSA AMB GARCIA LORCA

No aneu a trobar García Lorca amb un programa determinat ni amb preguntes concretes. Tot això serà cohibir el seu natural desordenat i evasiu. Salta d'un tema a un altre contínuament, destruint per tant tota pregunta que, per ésser concreta, serà sempre limitada i mesquina par a un poeta, com ello ho és per damunt de tot.

En el transcurs d'una conversa introduïm preguntes més o menys a tomb sobre Yerma *i altres coses de teatre. Interroguem:*

—*Com classifiqueu la vostra obra* Yerma? *Se'ns havia parlat d'una tragèdia, els cartells de la companyia l'anuncien com a drama poemàtic, hi ha qui la califica de poema simplement.*

—*Yerma* —contesta García Lorca—, és una tragèdia de cap a cap, amb el cor i totes les coses que aquest gènere comporta. Comencen a parlar els personatges, i

174

ja tot seguit s'endevina que passarà alguna cosa de seriós, de gran.

Com que le lloances per part de la crítica han estat gairebé sense reserva i creient que el veritable artista no en té prou amb això, preguntem:

—*Ultra les lloances dels crítics, que no ens atreviríem a escatie, ¿sentiu que l'obra ha estat veritablement compresa per la premsa barcelonina?*

—La crítica m'ha tractat molt bé. A voltes amb força encert... —I, aquí, afegeix ràpid—: Encara que he d'advertir-vos que no faig cas de les crítiques, ni les llegeixo. Però a vegades me'n mostren una, em diuen que està bé, i llavors el que faig és passar-hi la vista pel damunt.

—*A Madrid, la premsa...?* —*insinuem.*

—A Madrid, part de premsa em tractà malament, i fins hi hagué qui m'insultà personalment.

—*A Nova York, amb motiu de la representació de* Bodas de Sangre, *també us tractarem malament, segons tinc entès.*

—No cal dir que a Nova York el fracàs de públic fou complet, complet. Les crítiques deien bestieses, com, per exemple, que no es concebia que la gent rústega parlés d'aquella manera, i coses semblants. El crític de *The Times* era l'únic que parlava amb solta, perquè començava confessant que no havia entès absolutament res, i després afegia que una obra com aquella mai no podria plaure a un americà, ni penetrar en la seva civilització. De totes maneres aquí hi ha un concepte fals sobre tot això, perquè si bé tot l'anterior és cert, va haver-hi, per altra banda, en el mateix *The Times,* una enquesta entre els intel·lectuals, i tots contestaren afirmativament amb elogis a la meva obra. Ja us he dit, però, que no faig cas de les crítiques. Més que qualsevol altra cosa m'entusiasma, per exemple, veure que

Yerma agrada a la classe menestral catalana. Això és per a mi el més grand dels triomfs.

La nit de l'estrena a Barcelona fou imponent. Sembleva que no us volien deixar fugir.

La resposta de Lorca ens ve inesperada:

—No em plau sortir a saludar a la escena. Jo pateixo, és una cosa que si pogués deixaria de fer. I fins sento una mena d'odi al públic llavors. Com unes ganes de venjar-me, perquè pateixo veritablement, fins crec que em traspua una mica aquesta mena d'odi. No hi puc fer més. Aixo està bé per a aquells que els agrada una gloria passatgera. Qué aplaudeixin l'obra, però que deixin estar tranquil l'autor!

Provem de remomorar el dia de l'estrena, i recordem García Lorca saludant en una posició de reserva, sense sortir al prosceni completament. Recordem, també, el molt que costà de fer-lo parlar, i encara les seves darreres paraules:

«Lliuro tots aquests aplauduments a Margarida Xirgu.»

Parlant de Margarida Xirgu el popular autor del Romancero gitano *empra l'admiració:*

—Quina dona més bona i simpàtica!… I quina gran actriu!… I quina gran catalana!

No cal dir que troba impecable la seva interpretació de Yerma. *Els decorats de l'obra, de Francesc Fontanals, li semblen insuperables.*

García Lorca aprofita totes les ocasions per a manifestar el seu gran entusiasme per Salvador Dalí. Ens assabenta amb alegria que hi escriurà una obra amb col-laboració, i que els dos faran també els decorats.

«Som —ens diu—, dos esperits bessons. Aquí ho teniu: set anys sense haver-nos vist i hem coincidit en totes les coses talment com si ens haguéssim parlat cada día. Genial, genial, Salvador Dalí.»

Tornem a parlar del teatre, i ens comunica que amb motiu de les dues-centes representations de Yerma *que s'escauran a la nosta ciutat, hi haurà al teatre Barcelona une festa. En aquesta festa —no sabem si ens és permès anunciar-ho d'antuvi— Margarida Xirgu probablement recitarà íntegre el* Llanto por Ignacio Sánchez Mejías, *la seva darrera obra.*

(J. Palau-Fabre, *La Humanitat,* Barcelona, 4-X-1935.)

APENDICE
MUSICA DE LAS CANCIONES DE *YERMA*

Margarita Xirgu rodeada de flores en su camerino, aún con el traje de Yerma, después de una representación. (Ahora, 22-2-1935. Cortesía de la Biblioteca Nacional, Madrid.)

CANCIONES DE *YERMA*

1. *Nana* (acto I, cuadro I)

2. *Canción del pastor* (acto I, cuadro II)

3. *Seguidilla de las lavanderas* (acto II, cuadro I)

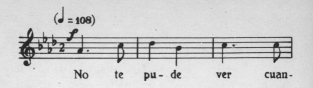

No te pu - de ver cuan

doe - ras sol - te - ra —— mas de ca

sa - da tee en - con - tra - ré.

No te pu - de ver cuan

doe - ras sol - te - ra —— mas de ca

sa - da tee en - con - tra - ré.

4. *Coro de la romería* (acto III, cuadro último)

NOTAS AL TEXTO

El proceso de transmisión textual de *Yerma* ha sido ya conjeturalmente aclarado en el prólogo a esta edición, basada, como se ha indicado, en el apógrafo que conservó García Lorca, pero que no revisó de su mano. Otra era habitualmente su costumbre en caso de preparación de un texto propio para la imprenta, sometiendo a corrección autógrafa la copia mecanografiada que había encargado a otra persona. En algunos casos ésta podía llegar a realizar una segunda copia, con incorporación de las correcciones autógrafas, de modo que el proceso completo para obtener el original definitivo —dispuesto para la impresión— puede calificarse de cuidadoso. No sucedió lo descrito con *Yerma*. Al margen de las razones ya expuestas, tropezamos, por ejemplo, con la no unificación de términos para indicar en las acotaciones la entrada o salida de personajes. Una confusión semejante se desprende del ya debatido problema de las canciones. Estamos, por consiguiente, ante un texto de *Yerma* que procede de copias de trabajo con destino a los actores. De ser otro el caso, es posible que, entre otros datos, la sumaria descripción del escenario a comienzo de cada cuadro fuera mucho más detallada, como sucede en *Bodas de sangre*. Aun minuciosamente calculada la dicción y el movimiento escénico, otros detalles menores habrían sido completados en una última revisión del texto. Este, en el presente caso, tiene el valor de un «guión» terminado, pero cuya puesta en escena, con resolución de los aludidos detalles, se confía a la práctica, ya anticipada mentalmente por el poeta o susceptible de modificaciones en los ensayos.

Con cierta seguridad cabe decir que el manuscrito original de *Yerma* (M) dio lugar, al menos, a dos apógrafos: el conservado por el poeta (GL) y el de Margarita Xirgu (MX), base de la edición de Guillermo de Torre para la editorial Losada de Buenos Aires (L). Según cabe deducir, ambas copias debieron ser obra de un mismo mecanógrafo, a pesar de las escasas, aunque importantes, divergencias advertidas. Queda por saber si las canciones introducidas (o simplemente cambiadas de lugar) en la copia de la Xirgu fueron añadidas en una revisión de mano del autor. Lo que sí parece es que éstos y otros añadidos se hicieron en los márgenes o blancos del texto mecanografiado, como se comprueba en GL, por lo que el editor de Losada dudó en algún caso sobre el orden apropiado de réplicas y acotaciones concretas. He tratado de rectificar los posibles errores de este tipo y corregido las erratas y lecturas erróneas que, a mi juicio, se deslizaron en L. En las notas que siguen se recogen, por tanto, las variantes textuales de dicha edición respecto al apógrafo utilizado como base de confrontación. En un caso he podido tener en cuenta el manuscrito original, ya que ha sido reproducida la primera hoja del acto tercero en el artículo ya mencionado de *Blanco y Negro*. Lo mismo cabe decir para el diálogo en verso de las lavanderas, publicado suelto (quizá de la edición Anaconda, 1937, o de un apógrafo desconocido) en *Homenaje al poeta García Lorca contra su muerte* (HGL), *Selección de sus obras (poemas, prosas, teatro, música, dibujos)* por Emilio Prados, Valencia-Barcelona, 1937, pp. 157-159. He prescindido, por otra parte, de señalar las variantes de puntuación, a no ser que impliquen cambio de significado. No advierto tampoco, a no ser del todo necesario, las correcciones a lápiz de GL. Estas notas, por tanto, no tienen más valor que el de una guía primera para el lector interesado en problemas textuales. El desconocimiento de M y MX impone unas obvias limitaciones, que han de corregirse antes de proceder a una edición crítica de *Yerma*. No he pretendido más que realizar un avance hacia esa posible y futura edición.

En el uso de siglas y escueto aparato crítico he tratado de buscar la claridad. Según la costumbre, los números que preceden a cada variante señalan, respectivamente, página y línea de esta edición. Mientras no se indique lo contrario, la referencia primera es a L, con indicación inmediata, mediante la separación de dos puntos, de las demás variantes, casi siempre de GL, texto que sigo prioritariamente. Las observaciones complementarias que he considerado necesarias van en letra cursiva, aunque han de distinguirse de las variantes de acotaciones, en el mismo tipo de letra. La conocida abreviatura *om* advierte sobre texto omitido en el lugar que se indica.

SUBTITULO Y PERSONAJES

31, 2-3. Poema trágico en tres actos y seis cuadros: *om GL. La denominación «poema trágico» fue recogida en reseñas críticas del estreno, por lo que debía figurar en programas de mano y, quizá, carteles.* || **32, 1.** Personajes: Reparto, Personajes, Actores *GL, donde quedaron en blanco las dos columnas correspondientes a personajes y actores. El nombre de la Vieja Pagana, que no aparece nombrada del mismo modo en la obra (Vieja, o Vieja alegre), está autentificado, aparte de por L, por las mencionadas críticas en la prensa de 1934-35.*

ACTO PRIMERO

CUADRO PRIMERO. **33, 10-14.** CANTO (Voz dentro). A la nana, nana, nana, / a la nanita le haremos / una chocita en el campo / y en ella nos meteremos: *om GL* || **36, 4-5.** lloraban: lloraron *GL* || **36, 8.** manzanas: manzana *GL* || **36, 16-19.** JUAN: Calla. YERMA: Y sin embargo...: *om L* || **37,25.** La tibia tela de tu vestido: *L y GL. Entrecomillo éste y los demás versos de imaginaria respuesta por parte del niño, de acuerdo con los signos que sí lleva el segundo verso del poema, tal como he indicado en mi introducción, p. 26.* || **40, 17.** Tú... *L y GL. Modifico la puntuación, por considerar al pronombre claramente interrogativo.* || **44, 17.** dos: los *GL* || **45, 2.** *(La besa y sale.): (La besa. Sale.) GL.* || **46, 14-26.** *GL, en lectura que prefiero por más lógica, muestra el monólogo en verso, añadido a lápiz, después de la acotación, a la inversa que en L.*

189

Cuadro segundo. 47, 12. de casada: casada *GL* ‖ 49, 18. conversación: conversaciones *GL* ‖ 51, 9. Y con tu marido... *L* y *GL. Introduzco interrogación.* ‖ 52, 4. al: el *GL* ‖ 57, 3. Voz del Víctor *(cantando):* Voz *GL* ‖ 57, 4-6. ¿Por qué duermes solo, pastor? / ¿Por qué duermes solo, pastor? / En mi colcha de lana / dormirías mejor. / ¿Por qué duermes solo, pastor?: ¿Por qué duermes solo, pastor? / En mi colcha de lana / dormirías mejor. *GL* ‖ 57, 7. Yerma: *om L, donde la entrada del personaje, que repetiría la canción, se funde con la acotación siguiente: (Escuchando.)* ‖ 57, 12. *L* y *GL om.*

ACTO SEGUNDO

Cuadro primero. 63, 3. Canto a telón corrido: *om GL. Desplazo la acotación, que sustituye al repetitivo* Cantan, *en L al frente de la seguidilla.* ‖ 63, 5-9. *Cantan:* En el arroyo claro / lavo tu cinta, / como un jazmín caliente / tienes la risa. *om GL* ‖ 65, 1. figuran: figura *GL* ‖ 66, 23-24. mirando unas rosas: mirando a unas rosas *GL* ‖ 66, 24. mirando los muslos: mirando a los muslos *GL* ‖ 67, 25. solería, pues *L* y *GL:* solería. Pues. *Modifico la puntuación.* ‖ 68, 10. Lavandera 2.ª: Lavandera 5.ª *GL* ‖ 68, 12. *(Risas.):* *om L* ‖ 68, 16. Lavandera 2.ª: Lavandera 5.ª *GL* ‖ 68, 22. *(Murmullos.):* *om GL* ‖ 69, 4. *(Aspirando.):* *(Respirando.) GL* ‖ 70, 4. (Cantando.): *om L* y *HGL* ‖ 70, 24. Lavandera 1.ª: Lavandera 3.ª *GL* ‖ 71, 16. Lavandera 1.ª: Lavandera 3.ª *GL* ‖ 71, 21. temblando *L* y *HGL:* también *GL* ‖ 72, 3. Lavandera 2.ª: Lavandera 5.ª *GL* ‖ 72, 8. cubren: cubran *GL* ‖ 72, 13. Lavandera 1.ª: Lavandera 4.ª *G* ‖ 72, 16. Lavandera 2.ª: Lavandera 5.ª *GL* ‖ 73, 10. Lavandera, 3.ª: Lavandera 4.ª *GL* ‖ 73, 12. Lavandera 2.ª: Lavandera 5.ª *GL* ‖ 73, 14. Lavandera 5.ª: Lavandera 4.ª *GL* ‖ 73, 25. Lavandera 2.ª *(cantan todas a coro):* (Cantan todas a coro.) GL.

Cuadro segundo. 75, 2-3. Las dos cuñadas: Las dos hermanas *GL* ‖ 75, 7. *(Sale):* *(Mutis) GL* ‖ 76, 5. *(Sale):* *(Mutis) GL* ‖ 78, 27. otros: otras *GL* ‖ 80, 12. cierra: cierras *GL* ‖ 80, 13. piensa: piensas *GL* ‖ 80, 18. *(Sale): (Mutis) GL* ‖ 81, 10. *(Entra): (Mutis) GL* ‖ 82, 24. como para: para *GL* ‖ 87, 4-5. *(Se estremece ligeramente, pero vuelve a su serenidad.) om L. La acotación, en L, va atribuida a Víctor en la réplica antecedente, a la inversa que en GL.* || 91, 9. tapándola *L* y *GL, Adopto* tapándole, *subsanando el casi seguro error del copista.* || 91, 16. las caracolas: las caracoles *L* los caracoles *GL. Interpreto* las caracolas *en consonancia con acotación anterior. Recuérdese del «Llanto»: «el Otoño vendrá con caracolas».* || 91, 26. las caracolas: los carabas *GL. Interpreto* los cárabos.

ACTO TERCERO

CUADRO PRIMERO. 94, 8. las: les *M* y *GL* || 94, 20. Naturalmente, Dios es Dios. *L* y *GL. M om* Dios es Dios, *posible añadido por error —está a máquina en* GL— *del mecanógrafo.* || 95, 13. esa ansia: ese ansia *GL* || 98, 23. CUÑADA 2.ª: HERMANA 2.ª

CUADRO ÚLTIMO. 104, 1. CUADRO SEGUNDO: CUADRO ÚLTIMO *GL* || 104, 7-15. (Canto a telón corrido.) No te pude ver / cuando eras soltera, / más de casada / te encontraré. / Te desnudaré, / casada y romera, / cuando en lo oscuro / las doce den. *GL omite acotación y texto de la canción, para la que aquí sigo la versión mecanografiada, y luego tachada a lápiz, que cierra el cuadro en* GL. || 107, 4. [MUJER 1.ª]: MARÍA *L GL. No tiene sentido que los versos estén en boca de María. De acuerdo con la acotación, enumero las posibles mujeres que participan en el rezo, antes de que Yerma diga los versos centrales.* || 107, 10. [MUJER 3.ª]: MARÍA *L GL* || 107, 32 *(Se levantan): (Se levanta.) GL. El plural concuerda con las otras dos acotaciones sobre el movimiento del grupo de mujeres* || 108, 16. *Salen muchachas: Salen las muchachas GL* || 108, 17. *L om* y entran || 108, 18. *L om* con largas trenzas y || 108, 20. de: con *GL* || 108, 21. campanilleros: campanillas *GL* || 108, 31. ¡El demonio y su mujer! ¡El demonio y su mujer!: ¡El demonio y su mujer! *GL. En GL esta intervención infantil está añadida a lápiz, al margen de la acotación, sin indicar el momento exacto de la entrada. No se ha añadido precediendo a los versos, como se recoge en* L. || 110, 18. Holanda: holanda *GL* || 112, 9-14. *(Cantan.)* El cielo tiene jardines / con rosales de alegría, / entre rosal y rosal / la rosa de maravilla: *om GL. Adopto la puntuación de* GL *en la previa versión de la misma copla.* || 114, 5. esperándote: esperándome *GL* || 116, 19. dices: dice *GL* || 116, 20. dices: dice *GL* || 118, 16. ¿Ni tú?: Ni tú *GL.*

DISCURSOS Y DECLARACIONES

Procedencia de los textos

I. *Discurso al despedirse de Buenos Aires,* pp. 123-125. Sigo el texto de *OC,* I, pp. 1201-1203. He suprimido los ladillos periodísticos que interrumpen el breve discurso del poeta. Este fue recogido por Jacques Comincioli, «En torno a García Lorca. Sugerencias. Documentos. Bibliografía», *Cuadernos Hispanoamericanos,* 139, 1961, pp. 51-52.

II. *Discurso a los actores madrileños,* pp. 126-130. En razón de los destinatarios he adoptado el presente título, en lugar de «Charla sobre teatro», como ha sido conocido este texto desde que Guillermo de Torre lo incluyera en *OC,* t. VII (1942), de la editorial Losada. Sigo las observaciones de Christopher Maurer: «Un texto corregido: "Charla sobre teatro", de F. G. L.», *Insula,* 380-381, p. 20. Como advierte Maurer, el discurso fue también recogido en *El Liberal,* Madrid, 3.II.1935: «La *Yerma* extraordinaria de Margarita Xirgu y unas cuartillas admirables de García Lorca». Reprodujo también algún fragmento Ceferino R. Avecilla: «De madrugada en el Español», *El Pueblo,* Madrid, 3. II. 1935. Maurer ha corregido una serie de impenitentes erratas y añadido un importante párrafo olvidado, tanto por Losada como por Aguilar. Sigo sus valiosas indicaciones, añadiendo alguna otra corrección a partir del cotejo de las tres fuentes indicadas.

III. *Federico García Lorca y la tragedia,* pp. 131-133. Entrevista recogida por Marie Laffranque: «F. G. L. Nouveaux textes en prose», *Bulletin Hispanique,* LVI, 3, 1954, pp. 277-279.

IV. *El poeta F. G. L. espera para el teatro la llegada de la luz de arriba,* pp. 134-140. *Ibid,* pp. 281-286.

V. *En los umbrales del estreno de «Yerma»,* pp. 141-143. Entrevista recogida por Christopher Maurer: «Five uncollected interviews», *García Lorca Review,* VII, 2 (1979).

VI. *Antes del estreno...,* pp. 144-145. El reportaje completo está recogido en *Federico García Lorca,* ed. Ildefonso-Manuel Gil, Madrid, 1973, pp. 473-475.

VII. *Después del estreno de «Yerma»*, pp. 146-147. En Marie Laffranque, «F. G. L. Encore trois textes oubliés», *BHi*, LIX, 1, 1957, pp. 66-67.

VIII. *Federico García Lorca. El poeta que no se quiere encadenar*, pp. 148-153. *Ibid.*, pp. 67-71.

IX. *Federico García Lorca y el teatro de hoy*, pp. 154-158. En Marie Laffranque, «F. G. L. Interview sur le théâtre contemporain», *BHi, LXI*, 4, 1959, pp. 437-440.

X. *Ante el éxito de «Yerma» en Madrid*, pp. 159-162. Agradezco a Eutimio Martín su comunicación de esta entrevista con antelación a su publicación en *Insula*, 402 (1980), de modo que tuviera cabida en este libro.

XI. *García Lorca en la plaza de Cataluña*, pp. 163-164. En Marie Laffranque, «Déclarations et interviews retrouvés», *BHi*, LVIII, 3, 1956, p. 135.

XII. *L'estrena d'avui al Barcelona. García Lorca parla de «Yerma»*, pp. 165-167. En Marie Laffranque, «F. G. L. Conférences, déclarations et interviews», *BHi, LX*, 4, 1958, pp. 517-518.

XIII. *El estreno de «Yerma» en Barcelona*, pp. 168-172. Entrevista por primera vez recogida.

XIV. *Sobre el éxito de «Yerma» en Barcelona*, p. 173. Declaración por primera vez recogida.

XV. *D'una conversa amb García Lorca*, pp. 174-177. La misma procedencia que la XII, pp. 518-520.